MANUEL

de

Fortification de Campagne JAPONAIS

PROJET DE REVISION

Traduit du japonais par le **Capitaine breveté DE LAPOMARÈDE**

Avec 100 figures dans le texte

PARIS
Henri CHARLES-LAVAUZELLE
Éditeur militaire
10, Rue Danton, Boulevard Saint-Germain, 118
(MÊME MAISON A LIMOGES)
1913

Manuel de Fortification de Campagne japonais

(Projet de Revision)

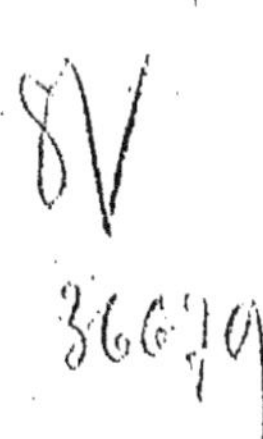

MANUEL
de
Fortification de Campagne
JAPONAIS

PROJET DE REVISION

Traduit du japonais par le **Capitaine breveté DE LAPOMARÈDE**

Avec 100 figures dans le texte

PARIS
Henri CHARLES-LAVAUZELLE
Éditeur militaire
10, Rue Danton, Boulevard Saint-Germain, 118
(MÊME MAISON A LIMOGES)
1913

Manuel de Fortification de Campagne japonais

(Projet de Revision)

AVANT-PROPOS

De l'esprit et des innovations du projet de manuel de fortification de campagne.

Le projet de Manuel de fortification de campagne, résultat de l'expérience de la dernière guerre, était à ce titre intéressant à traduire.

Bien qu'il ne soit qu'un simple manuel destiné à donner des procédés d'exécution plutôt que des principes d'emploi tactique, l'esprit dans lequel il a été conçu ressort suffisamment des premières pages du chapitre Ier. La lecture de quelques revues militaires ou les opinions recueillies au cours de conversations avec des officiers japonais permettent de mettre au point ce qu'a pu laisser obscur l'imperfection d'une rédaction provisoire. J'en donnerai ci-dessous les particularités les plus saillantes.

1° La fortification est le bouclier de l'assaillant.

L'emploi de l'outil de terrassier comme arme de guerre à l'usage de l'assaillant est indiqué nettement. Je traduis fidèlement un passage probablement emprunté à un journal militaire, qui m'est communiqué par un officier appartenant à l'infanterie : « Il y a une tendance à rejeter l'emploi des outils, tel qu'on l'entendait jusqu'ici, limité à une défense stationnaire et répugnant à l'attaque. On a reconnu aujourd'hui que, pareils à des boucliers mobiles, les travaux de fortification sont nécessaires pour garder intacte, jusqu'au moment suprême, cette intrépidité qui fait de nous, Japonais, comme des projectiles de chair humaine... »

Il y a lieu cependant, au sujet de l'emploi de l'outil dans l'offensive, de faire cette remarque, que, ni le Manuel ne donne sur ce point les détails d'exécution auxquels on aurait pu s'attendre, ni l'infanterie n'a l'habitude de remuer la terre au cours de ses exercices de combat. Réserve faite des difficultés d'exécution, à quoi l'on se heurterait en temps de paix, il reste néanmoins cette impression, que le commandant japonais considère l'emploi du bouclier terrestre comme une nécessité du champ de bataille, et, en même temps, comme un dangereux moyen d'instruction, capable de contrarier l'instinct offensif, cette *vitesse initiale du projectile humain*, qu'on cherche ici à développer par tous les moyens.

2° L'emploi de la fortification doit passer en quelque sorte à l'état d'habitude réflexe.

On pourrait craindre la mauvaise habitude de commencer les travaux avant d'avoir fixé le but à atteindre; mais les officiers japonais vous disent : « Dans la dernière guerre, chaque fois que l'une ou l'autre armée s'arrêtait sur une position, pour parer immédiatement à l'éventualité d'un échec, elle commençait par exécuter des travaux de campagne. En mainte occasion, l'armée japonaise, loin de voir son initiative à cet égard contrecarrée par les ordres a retiré de cette manière de procéder un grand bénéfice. Si l'on peut faire à certains travaux le reproche d'être prématurés, ce n'est pas à la fortification qu'il faut s'en prendre : c'est, dans chaque cas particulier, affaire aux officiers commandants de peser le pour et le contre, en tenant compte du degré d'habileté de leur troupe. L'expérience de la guerre nous a montré qu'il faut *se mettre aux travaux de fortification sans hésitation ni délai*. Le Règlement de manœuvres nous enseigne bien qu'en matière tactique il ne saurait y avoir de dispositif prématuré, mais il est muet au sujet des travaux de campagne; et, en revanche, le Manuel nous prescrit de ne pas négliger ces derniers, même dans les circonstances où ils ne sont pas de première nécessité (art. 2). »

3° Ni lignes successives ni lignes à long développement. Mise en état d'une position unique.

Tout ce qui a trait à l'enseignement de la position (art. 10 à 21), est extrêmement intéressant, parce qu'une partie de la doctrine tactique japonaise s'y révèle.

Sont condamnés : d'une part, *les dispositifs de lignes successives*, qui passent pour se prêter plutôt à une défensive passive, tout en étant plus lourds à agencer; d'autre part, *les lignes à long développement*, soit qu'elles entraînent des travaux démesurés, soit qu'elles comportent des parties faibles, susceptibles de compromettre la solidité de l'ensemble.

Est préconisée : la *mise en état d'une position unique*, que l'on renforce par tous les moyens possibles et où l'on dispose, en première ligne, la totalité de ses forces; et cela, parce que la défensive part de ce principe qu'elle doit préparer la contre-attaque, et que l'on fera bien, en conséquence, d'orienter toutes les facultés du défenseur *vers l'avant*, et non *vers l'arrière*, ce qui arriverait fatalement dans le cas de plusieurs lignes de défense... Plus on essaie de pénétrer la doctrine tactique japonaise, plus on se convainc qu'elle a ses racines les plus profondes dans des considérations d'ordre moral.

4° Pas d'avant-lignes.

Les avantages que peuvent présenter les positions avancées sont estimés ne pas compenser leurs inconvénients.

5° Ouvrage de campagne (ouvrage fermé pour une ou deux compagnies).

Il nous paraît, à première vue, un véritable nid à projectiles (art. 63) .

Cependant, l'expérience de la guerre aurait démontré que son établissement bien compris le mettait à même de ne pas craindre l'artillerie ennemie, et que, d'autre part, il offrait l'avantage de concentrer les forces en vue de parer aux attaques de nuit. Les Japonais estiment qu'au point de vue moral, le fait de se trouver dans un tel ouvrage mettait au cœur de sa garnison la volonté de lutter jusqu'à la mort, et que, d'ailleurs, l'ouvrage de campagne avait assuré — je cite ici textuellement un passage de revue militaire — « *à l'homme du Yamato un point d'appui précieux, lui permettant de se jeter avec tout son tempérament dans l'enfer de la bataille...* ». A l'avenir, est-il ajouté, les occasions de l'employer seront fréquentes; nous ne ferons à cette assertion qu'une réserve : à la condition que l'on revienne à la guerre de position.

6° Travaux simulés.

Les Russes, me disent les officiers japonais, les employèrent dès les débuts de la campagne (travaux de campagne ou canons simulés); nous avons fini par les imiter. Ils estiment aujourd'hui que c'est un excellent moyen de tromper l'ennemi, à la condition que l'on ait du temps de reste pour les exécuter.

7° La ligne de combat de l'infanterie ossature de la position.

Le Manuel pose en principe (art. 20) que c'est la position d'infanterie qui détermine la ligne générale de combat. Un officier japonais me dit, à ce sujet, que l'opinion admise jusqu'ici, que la position d'artillerie forme l'ossature de toute position et qu'elle doit servir de base à la détermination de cette dernière, la ligne de combat de l'infanterie n'étant qu'une conséquence de celle de l'artillerie, a été reconnue inexacte, si l'on s'en rapporte à l'expérience de la dernière guerre, et doit être rectifiée dans le sens indiqué par le nouveau manuel.

8° Traverses.

Les traverses employées à garantir des coups d'écharpe et d'enfilade étaient d'une utilité jugée restreinte comparativement à la somme de travail exigée, et par suite d'un emploi limité. L'expérience aurait prouvé que les traverses diminuaient l'efficacité des projectiles d'artillerie éclatant dans le voisinage des tranchées, et, en conséquence, on est d'avis de les multiplier à l'intérieur des tranchées, non pas que leur épaisseur leur permette d'arrêter autre chose que des balles de fusil, ni leur hauteur de protéger autre chose que des tirailleurs au repos; mais en raison de leur aptitude à localiser sur un étroit espace les pertes causées par les projectiles d'artillerie.

9° Relais de transport.

Le développement des travaux de position aurait rendu nécessaire, pour donner une base sûre au devis des travaux et à leur commandement, d'entrer au sujet du transport des terres dans des explications détaillées (art. 32-35).

10° Tranchées à profil surbaissé et à fossé étroit.

Le principe essentiel est de dérober la tranchée aux vues de l'ennemi. On ne fixe plus de profil normal. On creusera des tranchées à profit surbaissé, collées au sol et adaptées le plus possible aux formes du terrain. Trois exemples en sont donnés (fig. 1, 2 et 3).

La largeur du fossé des tranchées pour tireurs debout est diminuée : $0^m,80$ sont estimés suffisants pour permettre l'emploi des outils, le tir et les communications derrière les tireurs. On a fait remarquer, à ce sujet, qu'une largeur de 1 mètre au fond du fossé donnait toute commodité à la circulation des brancardiers, à l'intérieur de la tranchée, et qu'il n'en était plus de même avec une largeur de $0^m,80$. Mais on répond à cela que la multiplication des traverses réduira les pertes, au point de ne plus rendre nécessaire l'emploi des brancards, et que, dès lors, rien n'empêche d'adopter un modèle de tranchées exigeant un minimum de travail sur le champ de bataille.

11° Epaulements pour mitrailleuses.

Ces sortes d'épaulements sont, pour la première fois, décrits dans un Manuel de fortification japonais. On se serait proposé, en adoptant les modèles décrits, d'approcher le plus possible la mitrailleuse de l'épaulement, d'assurer la protection des servants et d'abriter les munitions.

12° Emplacement des défenses accessoires.

En vue de placer les défenses accessoires hors de la zone de dispersion des projectiles d'artillerie et d'en assurer la protection, même par une nuit noire, l'ancien Manuel indiquait qu'on pouvait les établir jusqu'à une distance de 50 mètres de la ligne de défense. L'expérience de la dernière guerre aurait démontré que leur destruction par les obus est quasiment impossible, que, par suite, il n'y a pas lieu de se préoccuper de l'artillerie, mais qu'en revanche, par une nuit obscure, la distance de 50 mètres en avant de la ligne de combat est un peu trop grande pour ne laisser aucune inquiétude au sujet de leur protection. Il conviendra donc de ne pas les établir à plus de 30 mètres de la ligne de feu.

Pour tout ce qui concerne le *détail d'exécution des travaux de campagne et de siège*, l'analogie avec les prescriptions similaires des règlements français est flagrante. Aussi bien, m'a-t-il été dit, les premiers manuels de fortification s'étaient-ils inspirés des procédés employés par le génie français. Il faut croire que l'expérience de la guerre en a démontré la valeur, puisqu'ils sont maintenus dans le nouveau manuel.

Il faut signaler, en terminant, ce souci peut-être exagéré de garder secrets le nombre et la répartition de l'outillage, qui fait donner à l'annexe 1 un répertoire d'outils dressé par *unité indéterminée* d'infanterie, d'artillerie et du génie, laissant à chaque lecteur le soin de deviner.

LAPOMARÈDE.

CHAPITRE PREMIER

BUT ET EMPLOI DE LA FORTIFICATION DE CAMPAGNE

1. Le but de la fortification de campagne est de maintenir et d'augmenter la force combative de la troupe, et, d'une façon générale, de placer celle-ci dans une situation avantageuse. Employée au moment opportun et adaptée aux circonstances, la fortification de campagne est un auxiliaire des plus importants dont on ne saurait se passer.

Qu'il s'agisse, dans l'offensive, de se maintenir dans une localité dont on vient de s'emparer, ou bien, en face d'une forte position, de progresser en organisant des points d'appui successifs; que, dans la défensive, on veuille avec de faibles forces offrir une résistance énergique, ou grâce à une économie de troupes dans un secteur défensif, garder disponibles pour une attaque des effectifs importants, l'emploi de la fortification de campagne est de toute nécessité.

2. Lorsqu'on attend l'attaque de l'ennemi, il ne faut pas, même dans les circonstances qui la rendent moins nécessaire, négliger absolument la fortification de campagne, sous la réserve que si la situation vient à changer, les travaux exécutés ne soient pas un obstacle à l'action du commandement.

Choix de la position.

3. Le choix de la position est principalement déterminé par la mission des troupes et leur situation. Après avoir fixé les grandes lignes de la position d'après la carte, on en fait la reconnaissance détaillée.

Autant que possible, le commandement procède luimême à cette reconnaissance

4. Dans une position, il faut s'attendre, en général, à trouver des terrains plus ou moins désavantageux. On remédie aux défauts que présentent particulièrement les grandes positions par la répartition des troupes et l'organisation des travaux.

5. Dans le choix d'une position, on fixe en général son jugement en se mettant à la place de l'assaillant. S'il est possible, il conviendra d'observer effectivement la position du côté de l'ennemi.

6. L'étendue de la position doit être proportionnée à l'effectif de la troupe qui l'occupe.

Pour pouvoir s'opposer à l'enveloppement, les ailes en seront choisies de manière à s'appuyer à des localités avantageuses ou à permettre un dispositif de lignes convenablement échelonnées.

Le manque de profondeur de la position rend difficiles la répartition, la manœuvre et la couverture des fractions maintenues en arrière.

7. La principale propriété que doit posséder une position est d'avoir un champ de tir étendu. Un terrain plat, descendant vers l'ennemi en pente uniforme, convient à une position d'infanterie; s'il donne des vues lointaines, il se prête particulièrement à la lutte d'artillerie.

On concentre les feux sur la direction de l'attaque, et l'on a un grand avantage à assurer l'appui réciproque de l'infanterie et de l'artillerie jusqu'à l'attaque décisive.

Le terrain est en faveur de la défense, quand il limite le déploiement de l'artillerie adverse, qu'il donne de bons champs de tir à l'infanterie et à l'artillerie du défenseur, ou qu'il permet à cette dernière d'échapper aux vues de l'artillerie de l'assaillant.

8. Les obstacles difficiles à franchir qui se trouvent devant le front gênent les mouvements du défenseur, mais amènent l'ennemi à opérer des mouvements tournants. Aussi les obstacles de cette nature ont-ils de la valeur pour une défense qui cherche à exercer une action retardatrice; ils sont encore utilisés avec profit dans une partie de la position que l'on doit tenir solidement.

Les bois et autres couverts, s'ils sont trop près du front et surtout des ailes, ne sont pas à l'avantage de la défense.

9. Lorsque l'intérieur de la position est découvert et offre de bonnes communications, le commandement et les mouvements des troupes y sont faciles. Par contre, il y aura lieu de prendre garde que l'on n'y est pas à l'abri des vues et des coups.

Les mauvais chemins ou les obstacles difficiles à franchir qui se trouvent en arrière de la position, sont encore au désavantage de la défense.

Organisation de la position.

10. En ce qui concerne l'organisation de la position, qu'il s'agisse de livrer un combat décisif, ou simplement de gagner du temps, c'est le but poursuivi qui détermine les travaux à exécuter. Il faut, dans tous les cas, commencer par établir nettement la répartition des troupes.

11. Par organisation de position, il faut entendre l'organisation solide d'une position unique où tous les moyens d'action seront employés. La constitution de plusieurs lignes en vue d'offrir des résistances successives n'est pas un principe fondamental de la fortification de campagne.

L'organisation et l'occupation de positions avancées ne sont pas à recommander d'une façon générale. Les positions avancées vouent à la défaite les fractions qui les occupent, en même temps qu'elles peuvent être un obstacle au tir de la position principale.

12. Une position se subdivise en un certain nombre de secteurs, dont des unités constituées forment les garnisons L'étendue des secteurs varie avec le terrain. L'exécution des travaux de défense est ordinairement confiée, dans chaque secteur, aux troupes qui en forment la garnison. Il appartient au commandement de coordonner ces travaux en vue de les faire concourir au but commun.

On ne fait pas de ligne de feu continue, mais il est bon de grouper les travaux, ordinairement dans chaque bataillon : il faut d'ailleurs les organiser de manière à donner au front et aux flancs toute leur puissance de feu.

Les intervalles et avancées des *groupes de travaux* doivent être efficacement battus par le tir des groupes voisins, et si le terrain ne permet pas ce flanquement, il est indispensable d'exécuter des travaux assurant le tir de front dans les intervalles.

Quant à l'angle mort en avant des secteurs, non seulement on prendra des dispositions pour le flanquer par le tracé de la ligne de feu, mais encore on aura recours au flanquement réciproque des secteurs voisins : on ne doit pas laisser à l'ennemi la moindre zone de sécurité.

13. Si, dans un groupe de travaux, il est un point qu'on se propose de tenir plus fortement, on y exécute de solides travaux défensifs, face à toutes les directions. Si, en particulier, il doit servir à briser une attaque par surprise, on y aménage des défenses accessoires. On crée de la sorte un *point d'appui* de la défense.

Dans un terrain de peu d'étendue, l'*ouvrage fermé* remplit ce but. On peut encore utiliser un village ou un bois.

Comme garnison d'un point d'appui, on n'emploie pas

généralement d'effectif inférieur à une compagnie d'infanterie.

14. Le temps utilisable pour les travaux peut être fixé d'avance d'après les conditions générales de l'action. On n'exécutera que les travaux possibles dans le temps dont on pense disposer, soit qu'on utilise les obstacles et couverts naturels à sa portée, soit qu'on les aménage, soit qu'il faille exécuter de nouveaux travaux et créer des épaulements. Il est entendu que si l'on a du temps de reste, il faudra compléter et renforcer les premiers travaux exécutés.

Si, tenté par les obstacles et couverts naturels du voisinage, on incline à les employer, il faut veiller à ce qu'ils n'aient pas une influence désavantageuse sur la ligne de défense.

15. En général, il faut d'abord porter son attention sur le dégagement du champ de tir et la mesure des distances. Ces travaux sont d'un caractère plus urgent que l'établissement des masses couvrantes.

16. Les travaux de la défense perdent beaucoup de leur valeur, s'ils permettent à l'ennemi de distinguer facilement la position; la question des pertes que peut infliger son artillerie est aussi importante : autant de raisons de conformer avec soin les travaux à l'aspect général du terrain.

Les ouvrages établis sur les sommets sont facilement reconnus par l'ennemi. Là où le terrain le permet, on placera sur les pentes la ligne d'infanterie et l'on veillera à ce que les ouvrages ou les tirailleurs occupant la ligne de feu ne se profilent pas sur les crêtes. En outre, on choisira la position d'artillerie en arrière des crêtes, et il sera bon de prendre des dispositions pour rendre aussi peu visible que possible la bouche des canons : si le terrain ne s'y prêtait pas, on devrait créer des masques en ayant toujours soin qu'ils ne se projettent pas sur les crêtes.

On s'efforce d'abaisser le relief des parapets et autres remblais. On évite les longues lignes droites. On arrondit les arêtes, les angles, et on les relie autant que possible par des pentes douces aux terres naturelles. Il faut qu'on ne distingue que difficilement les travaux du terrain environnant : c'est pourquoi, après les avoir terminés, il y aura lieu, si on le peut, de les examiner de l'extérieur.

Pour ne pas s'exposer aux coups de l'artillerie ennemie, au lieu d'exécuter des travaux aux lisières faciles à repérer des villages et des bois, le meilleur parti sera de les établir en avant de ces localités. D'ailleurs, les villages et les bois peuvent servir de couverts pour les réserves et de centres d'approvisionnement de matériel.

17. L'apparition inutile des troupes de garnison au-dessus des tranchées a le danger de révéler à l'ennemi la position de la défense.

Lorsque l'on exécute des travaux à proximité de l'ennemi, il faut avoir soin de les dissimuler le plus possible.

18. Les *travaux simulés* rendent difficile à l'ennemi l'observation de la véritable position. S'ils sont bien exécutés, ils ont cet avantage de l'induire en erreur d'une façon complète et d'attirer son feu dans une fausse direction.

19. Les *couverts* masquent les travaux de la défense et la répartition des troupes, mais il faut qu'ils ne soient pas un obstacle à l'efficacité du tir. Le plus avantageux est d'utiliser les couverts naturels, auxquels on fait opérer les aménagements nécessaires.

20. C'est la position de l'infanterie qui détermine la ligne générale de combat : on la choisit de telle sorte qu'elle ne gêne pas le tir de l'artillerie; en outre, il est essentiel, aux bonnes distances de tir, d'assurer au feu de l'infanterie toute sa puissance.

21. La position de l'infanterie comprend d'ordinaire : des tranchées de tirailleurs, des tranchées couvrantes à l'usage des fractions maintenues en arrière et, s'il y a lieu, des tranchées de communications entre les deux premières.

Les tranchées couvrantes à l'usage des fractions maintenues en arrière, devant permettre à celles-ci de renforcer la ligne de feu sans perte de temps, seront convenablement rapprochées des tranchées de tirailleurs.

Dans la mesure où la situation le permet, on aura soin, dès le premier moment, d'établir, dans les tranchées de tirailleurs et les tranchées couvrantes, des abris légers et des traverses à l'épreuve des balles de shrapnels et des éclats d'obus.

Les obstacles devant le front seront principalement employés dans les parties de la position d'où l'ennemi peut s'approcher à couvert. Ils doivent être difficiles à reconnaître par ce dernier et suffisamment protégés contre ses tentatives de destruction. L'établissement de ces obstacles ne doit en aucune façon limiter la liberté de mouvements de la défense.

Il n'est pas nécessaire que les travaux défensifs ci-dessus soient partout également forts. On portera spécialement son attention sur les points d'appui, surtout sur les ailes et sur les parties de terrain qui font face à une bonne position de l'artillerie ennemie, ou encore sur les points exposés à une surprise.

En arrière d'un point dangereux, on organise particulièrement un point d'appui.

22. On installe *les mitrailleuses* sur la ligne générale de l'infanterie, soit dans les tranchées, soit en dehors.

Leur position est choisie en vue de permettre, soit un

tir de flanc ou d'écharpe sur les lignes de tirailleurs ennemis marchant à l'attaque, soit un tir d'enfilade sur les localités (dépressions, ravins) où vient naturellement s'assembler un ennemi qui recherche les couverts. Il faudra prendre des dispositions pour donner au feu toute sa puissance dans la zone des portées efficaces.

Dans la mesure où la situation le permet et là où il est possible de créer des masses couvrantes, on devra établir des épaulements de mitrailleuses. Mais, comme l'emplacement des mitrailleuses, dès qu'il est répéré par l'ennemi, devient immédiatement un but pour son artillerie, il faut avoir bien soin d'établir ces épaulements hors des vues de l'ennemi. Il sera d'ailleurs nécessaire de préparer un choix d'emplacements répondant à diverses éventualités.

23. Dans l'organisation de la position de l'*artillerie de campagne*, on s'efforcera d'avoir un front présentant un champ de tir étendu, un développement suffisant, et perpendiculaire à la ligne de tir principale; la possibilité de bien battre le terrain aux distances rapprochées; un sol plat et dur sur l'emplacement des pièces, des vues bien dégagées pour le commandant de batterie, et des facilités pour l'observation et le ravitaillement en munitions. Si les circonstances amènent à occuper une position masquée, on portera particulièrement son attention sur le poste d'observation. Quand la situation le permet, on établit, en général, des épaulements : on a soin de les renforcer progressivement et de créer des abris légers.

Pour avoir une position toute préparée, dans le cas où il faudrait changer d'emplacement l'artillerie de la ligne de combat, il est indispensable d'organiser une position éventuelle. Si, pour en dérober l'accès aux vues de l'ennemi, il y a lieu de créer un masque, on creusera une tranchée de communication et l'on opérera à bras d'homme l'occupation de la position.

24. Comme position de l'*artillerie lourde de campagne*, on choisit d'ordinaire une position défilée. Il y aura donc lieu d'apporter une attention particulière à l'emplacement du poste d'observation et à l'organisation des moyens de correspondance ou de communication.

Les recommandations relatives à l'établissement des épaulements sont identiques à celles de l'article 23.

25. Les réparations et améliorations des chemins (élargissement des chemins étroits, ouverture de tranchées de communication, construction de ponts, etc.), doivent être entreprises aussitôt que l'occasion s'en présente. Lorsqu'il est nécessaire d'établir des poteaux indicateurs, on y met, la nuit, des lanternes qui facilitent les communications.

26. Dans l'organisation de la position, il est absolument nécessaire d'établir une règle pour les correspondances téléphoniques ou autres entre les divers postes de commandement. Il est surtout indispensable de fixer une règle rapide et sûre de communications réciproques entre le quartier général, chaque secteur défensif et chaque commandant d'artillerie.

27. Pour garantir la sécurité, reconnaître la situation de l'ennemi ou se rendre compte des effets du feu, une observation attentive et continuelle du terrain en avant de la position est indispensable, dès le moment qui en précède l'occupation et pendant le combat lui-même. On ne négligera donc aucun moyen d'observation. Mais il ne faut pas pour cela révéler à l'ennemi la position de la défense : un emplacement qui possède un champ de vue suffisant, et qui, grâce à un masque naturel, est difficile à repérer par l'ennemi, forme un bon poste d'observation.

Lorsqu'on place ce poste d'observation à l'intérieur des travaux défensifs, on le masque suffisamment et l'on prend des mesures pour en assurer la protection.

En outre, pour pouvoir pendant le combat repérer exactement la position de l'ennemi (ligne des travaux de l'assaillant, emplacement des projecteurs, position de l'artillerie, etc.), il sera avantageux de mesurer une base dans un endroit bien choisi à l'intérieur de la position organisée.

Règles d'emploi des troupes en vue du travail. — Outils et matériaux. — Capacité de travail. — Epaisseur de la masse couvrante.

28. En matière de fortification de campagne, il est de règle générale de faire exécuter les travaux par les troupes qui doivent les utiliser.

29. L'infanterie exécute elle-même des travaux simples.

L'artillerie de campagne exécute en général ses propres travaux, et l'artillerie lourde de campagne reçoit, d'après la situation, l'assistance des autres armes.

Le génie exécute les travaux importants ou difficiles; mêlé aux autres armes et sans participer aux travaux que ces dernières peuvent mener à bien, il se charge des travaux présentant une difficulté particulière, de ceux qui demandent des aptitudes techniques ou qui se rapportent à des parties du terrain exigeant une capacité de travail considérable. Toutefois, lorsque l'importance de ces travaux augmente, il convient en employant la compagnie du génie d'en respecter l'ordre constitutif.

En outre, le génie, s'il en est besoin, sert de guide aux autres armes. Dans ce cas, les sous-officiers et soldats des autres armes exécutent les travaux en restant sous les ordres des officiers dont ils dépendent normalement : ces officiers ont la responsabilité des travaux.

Il est des cas où l'on ne peut pas faire exécuter les travaux par les troupes qui doivent les utiliser réellement : par exemple, lorsqu'il s'agit d'organiser spécialement un point d'appui et qu'on en remet entièrement l'exécution aux troupes du génie. Il est alors indispensable que l'officier du génie qui commande les travaux se pénètre parfaitement des intentions du commandement.

30. Le secret d'une exécution rapide des travaux réside dans leur répartition judicieuse, la précision des ordres et une rigoureuse discipline de travail.

31. Les troupes exécutent généralement les travaux avec leurs outils de route.

Pour les outils de terrassier que possèdent les divisions de campagne, voir l'appendice I.

Lorsque les circonstances le permettent, il faut prendre des mesures pour compléter, par voie de réquisition, les outils des corps de troupe. Dans certains cas, il faudra employer les outils du parc d'outils de campagne.

Dans la guerre de forteresse, on emploiera principalement les outils des approvisionnements de réserve et ceux du parc du génie de siège.

Quant aux matériaux nécessaires aux travaux, il faut rassembler sans exception tout ce qui se trouve à pied d'œuvre. Dans ce but, le commandement indique à chaque unité son secteur de rassemblement de matériaux ou bien fait procéder à la répartition de ces derniers.

32. Pour creuser une terre molle, on distribue simplement une pelle par soldat. Pour une terre ordinaire ou contenant beaucoup de racines, il faut à la demande du terrain ajouter des pioches et, s'il est nécessaire, des haches, des cognées, des scies.

Pour creuser une terre durcie par la gelée ou naturellement dure, on emploie les pioches, les pics et, s'il y a lieu, on distribue les outils de carriers (leviers à tête, coins, bédane à pierre, etc.).

33. La quantité de terre extraite à la pelle en une heure par un travailleur inhabile, est en général de :

1^mc^, à 1^mc^,200.	Terre molle.
0^mc^,750.	Terre ordinaire.
0^mc^,400.	Terre dure.

La capacité de travail diminue en raison de la durée du travail : c'est pourquoi, lorsqu'un travail dure plus de quatre heures, il est bon de calculer comme suit la quantité de terre extraite dans l'heure moyenne :

0^mc^,700.	Terre molle.
0^mc^,450.	Terre ordinaire.
0^mc^,200.	Terre dure.

Si l'on emploie la bêche, la capacité de travail comparée à la précédente est à diminuer dans la proportion des deux tiers à la moitié.

Dans une terre durcie par la gelée, le rendement diminue au point de ne plus être que le tiers ou le cinquième des chiffres ci-dessus.

34. L'expérience prouve qu'un travailleur exercé peut, avec la pelle ronde, jeter la terre horizontalement à 4 mètres et verticalement à 2 mètres. On appelle cette distance la portée d'une pelletée.

C'est pourquoi, quand il est nécessaire de transporter de la terre à une distance plus considérable, on détermine le nombre de portées de pelletées nécessaires, d'après la distance horizontale et verticale, et on répartit les travailleurs suivant ces portées en relais de transport.

35. Quand il faut transporter la terre à une distance supérieure à trois portées horizontales (12 mètres et plus), il y a avantage à employer soit un *mokko* (1) en natte (trans-

(1) Mokkô : sorte de filet en cordes de paille servant à transporter la terre (N. D. T.).

portant un volume de terre de $0^{mc},033$ à $0^{mc},050$), soit une brouette (une brouette poussée par un homme transporte de $0^{mc},033$ à $0^{mc},075$). Dans ce cas, on établit un relais de transport tous les 70 mètres pour le *mokko*, tous les 30 mètres pour la brouette, en terrain horizontal ou incliné à une pente qui n'excède pas 1/18°; si la pente est plus raide, on établit un relais pour toute longueur de pente correspondant à une différence de niveau de $3^{m},70$ pour le *mokko* et de $1^{m},60$ pour la brouette.

Pour que, dans l'exécution des travaux, il y ait toujours à côté du pelleteur un *mokko* ou une brouette, il faut que le nombre de ces derniers soit supérieur d'une unité au nombre des relais de transport.

36. En ce qui concerne l'épaisseur des masses couvrantes, voir l'appendice II.

Les modèles variés insérés ci-dessous donnent simplement une base à laquelle on ne devra pas s'attacher inconsidérément. Il conviendra de les appliquer à propos en tenant bien compte de la situation du terrain et de la nature des terres.

CHAPITRE II

EXÉCUTION DES TRAVAUX

Aménagement du champ de tir.

37. On écartera autant que possible tout ce qui peut être un couvert pour l'ennemi ou un obstacle aux vues et au tir de la défense. On emploiera les matériaux obtenus par ce moyen, soit à combler les plis de terrain, les fossés, les chemins creux, soit à organiser des barricades, des abris, des obstacles, des couverts, des travaux simulés.

On foule aux pieds ou l'on couche les récoltes trop hautes. On utilise comme obstacles des plantes telles que le gao-liang ou le jeune mûrier (voir art. 96).

On porte à l'écart ou l'on disperse les bois de charpente, les tas de paille, de fumier ou de pierres.

Les haies vives, les arbres, les bosquets de bambous, les clôtures en planches, les murs de clôture peu résistants et les constructions légères sont abattus avec la hache, la scie, le pic et la masse. On fait sauter les murs de clôture et les constructions solides.

Il faut veiller à ce que les débris provenant de ces destructions ne deviennent pas pour l'ennemi des abris ou des couverts plus avantageux que les objets mêmes que l'on a détruits.

On ne fait disparaître que rarement les obstacles naturels. On devra même s'en abstenir complètement si l'on est certain qu'ils ne portent pas préjudice à l'efficacité du tir de la défense.

Il faut faire disparaître tous les objets qui peuvent offrir à l'ennemi des facilités pour l'observation et le réglage du tir, par exemple : arbre isolé, groupe d'arbres, etc.

38. En même temps que l'on dégage le champ de tir, il faut mesurer à l'aide de télémètres, au pas ou sur la carte, la distance des obstacles saillants ou des points importants de la zone des portées efficaces. Quand il n'y a pas d'obstacles de cette nature, on place des repères aux endroits convenables (on dispose des branches d'arbre, des bottes de paille, des tas de pierre ou de petits monticules de terre). S'il y a lieu, on établit un croquis donnant la forme du repère, sa direction et sa distance, et l'on met ce croquis en évidence sur la ligne de feu.

Tranchées de tirailleurs, tranchées couvrantes et tranchées de communications.

39. En règle générale, on établit les tranchées de tirailleurs pour les faire utiliser par les tireurs debout. Dans les positions préparées, l'établissement de ces tranchées ne présente pas ordinairement de difficultés. Les épaulements construits dans des circonstances urgentes doivent être, dès que la situation le permet, transformés en tranchées pour tireurs debout. La largeur de front permettant l'emploi de son arme à un tirailleur qui s'appuie sur la crête d'une tranchée pour tireur debout est d'un pas; la hauteur moyenne nécessaire à la visée est de $1^m,30$.

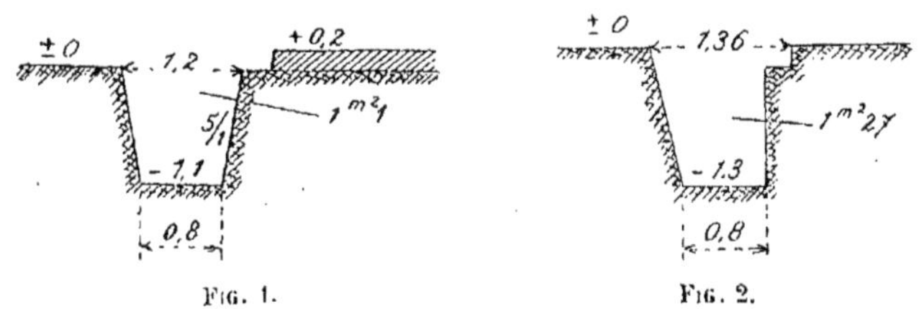

Fig. 1. Fig. 2.

Dans la mesure où cette disposition n'empêche pas de bien battre le champ de tir, on s'efforce d'abaisser la crête du parapet. Il y aurait avantage à la placer sur le sol naturel : voir les tranchées de tirailleurs des figures 1 et 2. Ces sortes de tranchées ont l'apparence du terrain environnant. Mais comme il est rare que les circonstances s'y prêtent, ces travaux sont difficiles et exigent un temps considérable. Il y a aussi des positions où le talus arrière de ces tranchées serait trop exposé aux vues de l'ennemi. Leur exécution ne sera donc pas possible à moins qu'on ne dispose d'un terrain favorable et d'un excès de temps.

La figure 3 donne un exemple de tranchée pour tireur debout d'une exécution facile et rapide. Si le terrain n'offre

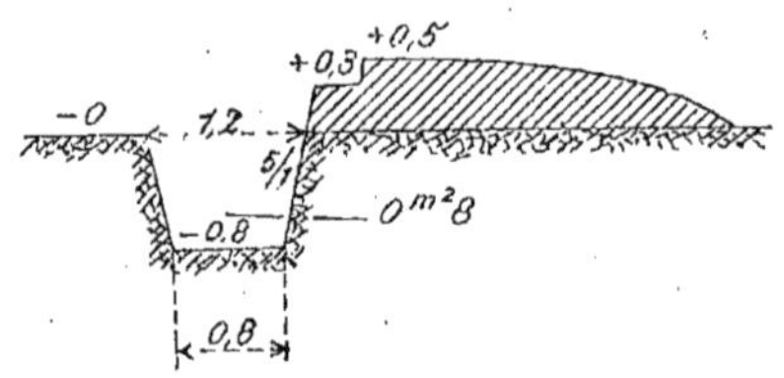

FIG. 3.

pas un champ de tir suffisant, il devient nécessaire de surélever le parapet.

Il suffit, en général, de donner au parapet l'épaisseur d'un mètre. Si, d'après la nature des terres, on reconnaît que cette épaisseur n'est pas suffisante, on renforce le parapet en prenant des terres au talus arrière.

Tout le long et en arrière de la crête, on ménage une banquette de 0m,20 de hauteur sur 0m,30 de largeur, qui sera utilisée pour poser les cartouches et appuyer le coude au moment de la visée.

Si l'on donne au talus intérieur du parapet une pente aussi raide que possible, en ayant soin de mettre un revêtement au-dessous de la banquette-appui, on rend le tir plus commode et l'on assure mieux la protection de l'intérieur de la tranchée.

On donne au fond du fossé une largeur minimum de 0m,80 et, dans ce cas, pour en faciliter le franchissement, on laisse une pente douce au talus arrière.

Chacun des tirailleurs postés dans une tranchée fait les aménagements nécessaires pour faciliter le chargement de son arme et son tir. Il doit même, s'il y a lieu, établir un gradin sur le talus intérieur pour sortir aisément de la tranchée.

40. Quand il faut avoir, en arrière des tirailleurs, des communications à l'abri des coups et qu'on dispose d'un surcroît de temps, on creuse des tranchées renforcées, ou

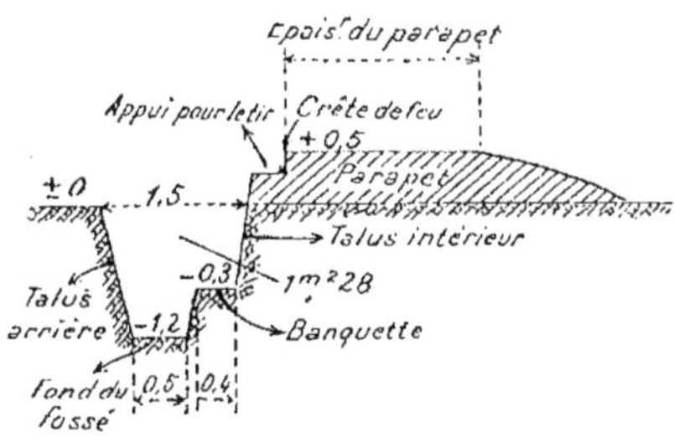

Fig. 4.

bien l'on approfondit, en les élargissant, les tranchées pour tireurs debout déjà établies (fig. 4).

La largeur de la banquette doit être suffisante pour tirer (0m,40 à 0m,50 suivant la nature des terres). Si on le peut, on exécute un revêtement, et, dans ce cas, la largeur de la banquette est de 0m,40.

Il est avantageux que la tranchée soit profonde et que le fond en soit large. Par conséquent, si l'on met un revêtement au talus de banquette, on peut donner une hauteur de 0m,50 au gradin compris entre la banquette et le fond du fossé, et l'élargissement de ce dernier n'est limité que par la nécessité de mettre le talus arrière à l'abri des vues de l'ennemi.

S'il en est besoin, on créera un gradin sur le talus d'arrière.

41. Dans le cas où les travaux sont organisés en vue d'une défense prolongée, si les dispositions prises peuvent être

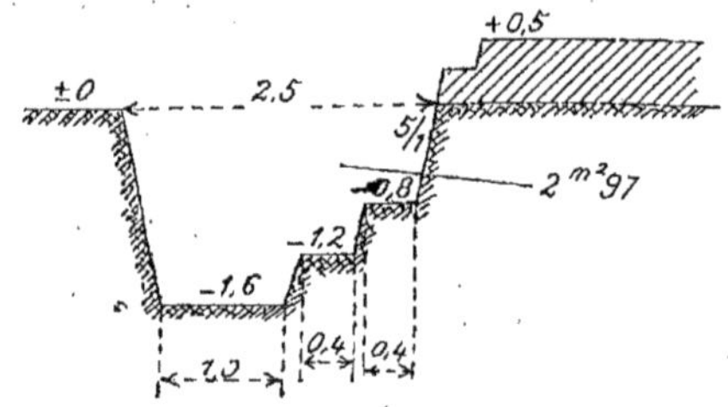

FIG. 5.

rendues absolument invisibles à l'ennemi ou s'il n'y a pas lieu de se préoccuper de la plus ou moins grande visibilité

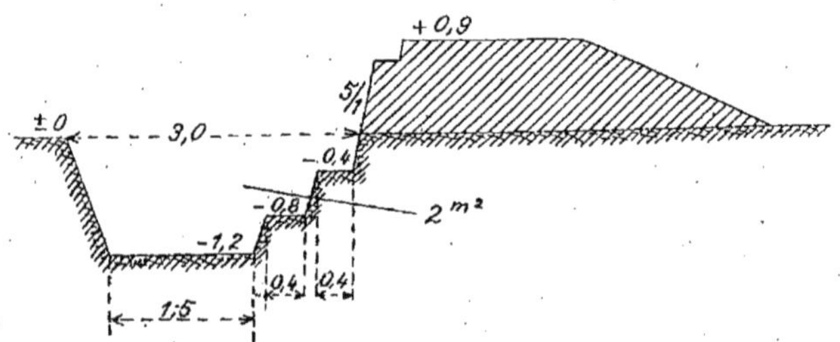

FIG. 6.

des couverts, on adopte des tranchées plus larges et un parapet plus élevé (fig. 5 et 6).

La largeur de la banquette de tir est la même que dans la tranchée renforcée. Cependant, si les gradins ont un revêtement, on donne à la banquette une largeur de $0^m,20$ à $0^m,25$ (au lieu de $0^m,40$, dans le cas contraire).

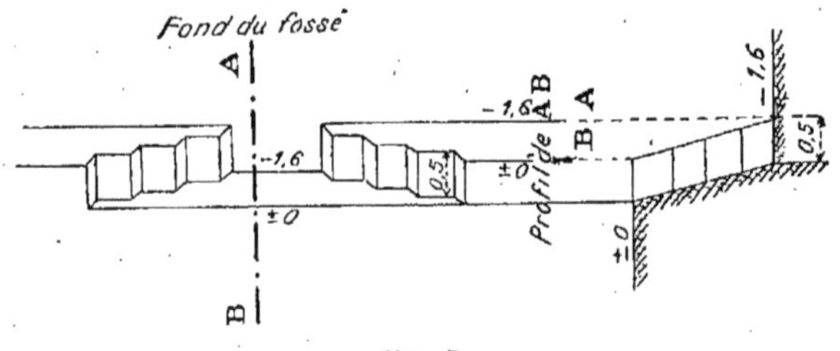

FIG. 7.

Dans la tranchée de tirailleurs de la figure 5, il y a avantage à établir les gradins du talus arrière perpendiculairement au plan de ce talus comme dans la figure 7.

42. Si l'on craint une attaque pendant les travaux et que le rendement du travail est faible, il faut tâcher d'achever

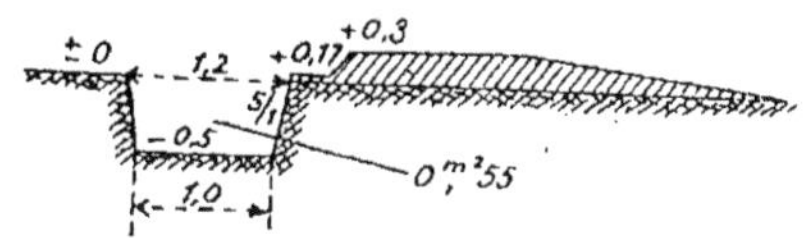

FIG. 8.

au moins une tranchée pour tireur à genou (fig. 8), et quand la situation le permet, on la transforme immédiatement en tranchée pour tireur debout.

43. Dans des secteurs étroits, si le terrain s'y prête, on établit des tranchées étagées.

Sur une crête où il faut donner au feu une puissance particulière, et dont le développement n'est pas suffisant, on prendra par exception des dispositions pour faire du tir sur deux rangs. Dans ce cas, on donne à la banquette de tir une largeur variable de 0m,60 à 0m,70, suivant la nature des terres, et, dans le cas où on peut lui mettre un revêtement, une largeur de 0m,60.

44. Si dans le cours des travaux on rencontre le roc ou des sources, on diminue convenablement la profondeur de la tranchée en augmentant sa largeur, ou bien l'on établit

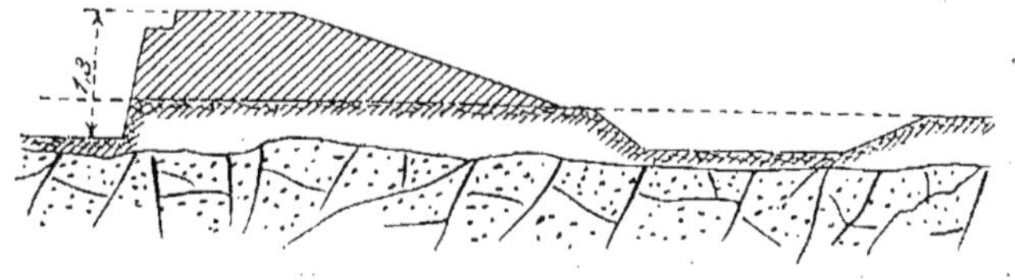

FIG. 9.

le parapet en creusant un double fossé, extérieur et intérieur (fig. 9). Si l'on avait des difficultés à creuser une terre trop meuble ou un sol durci par la gelée, on établirait le parapet à l'aide de sacs à terre (ou bien de caisses, ton-

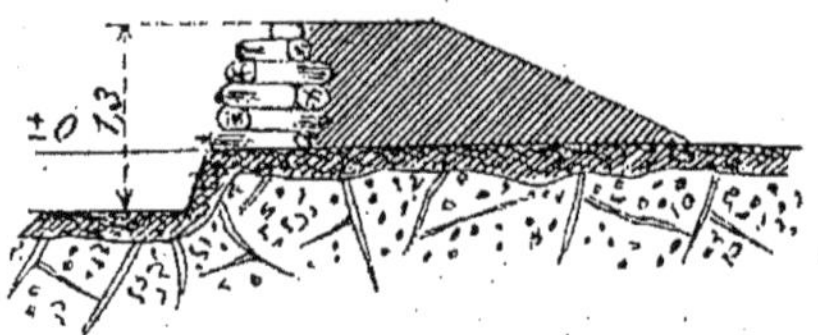

Fig. 10.

neaux, sacs de paille bourrés de sable, de gravier, de mottes de terre) préparés d'avance (fig. 10).

Même dans les cas précédents, on construira les parapets en se conformant aux principes indiqués à l'article 39.

Quand il est nécessaire de travailler dans un sol durci par la gelée, on commence par se servir du pic, de la pioche ou des outils de carrier pour creuser des rigoles partant de la surface du sol et atteignant les couches non gelées. On divise le sol en mottes de terre d'un volume convenable que l'on soulève à l'aide de leviers; puis, on allume du feu sur les emplacements où l'on doit creuser les rigoles : quand on active la fusion du sol, le travail devient plus facile. Si l'on se propose, après une suspension du travail, de recommencer à creuser le sol, il conviendra, le travail cessant, de disposer à la surface de la terre des nattes ou de la paille en guise de couverture.

45. Les tranchées couvrantes assurent la protection des troupes en se pliant au terrain dans la plus large mesure. Bien qu'on les établisse d'après les mêmes principes que les tranchées de tirailleurs, on y supprime les dispositions pour le tir. Il y a lieu de donner à l'épaulement une hauteur d'environ $1^{m},70$ comptée du fond du fossé au sommet de la masse couvrante.

Bien que dans certains cas ces tranchées soient reliées aux tranchées de tirailleurs par des tranchées de communications, il conviendra, pour permettre un rapide mouvement en avant, de disposer çà et là des gradins et même aux deux extrémités des rampes ou des escaliers.

A l'intérieur des tranchées couvrantes, on organisera de nombreux abris et traverses, et on assurera, d'une façon complète, la protection de l'effectif qui les occupe.

46. Lorsque le terrain entre les tranchées de tirailleurs et les tranchées couvrantes n'offre aucune protection et que pour créer entre elles des communications à l'abri des coups il y a lieu de creuser des tranchées de communications, il faut choisir pour ces dernières une direction qui les garantisse contre les coups d'enfilade. On établit çà et là, s'il le faut, des traverses ou des abris ou bien l'on donne à ces tranchées une forme d'éclair ou de dents de scie. D'ailleurs, on utilise autant que possible les accidents du sol en vue de réduire les travaux de cette nature.

Il faut encore établir des tranchées de communications destinées à relier la position de l'infanterie aux principaux points situés sur les derrières.

Dans les tranchées de communications, on donne à la masse couvrante une hauteur de $1^{m},70$, suffisante pour protéger le corps entier. La largeur du fond du fossé est au minimum de $0^{m},50$, et, dans ce cas, il est bon, sur un long parcours, de ménager çà et là des emplacements d'attente.

Sur le flanc des tranchées de communications, on creuse de courtes tranchées couvrantes. On les organise pour les utiliser comme postes de correspondance téléphonique ou autre, postes de pansement, dépôts de munitions ou de matériel, latrines, etc.

Dans des cas urgents, l'établissement de tranchées de communications où un homme seul peut tout juste se mouvoir donnera de grands avantages au cours d'un combat. Si le temps manque pour les établir, on aménage tout au moins des couverts en différents endroits et l'on tâche d'avoir des communications défilées.

Les tranchées ci-dessus décrites sont des obstacles aux communications à l'intérieur de la position. On y remédie, soit en pratiquant des escaliers ou des rampes là où cela paraît facile sans compromettre la sécurité, soit en transformant en ponceaux les toits des abris.

47. Pour creuser les tranchées de tirailleurs, chaque compagnie organise, en général, des groupes de travailleurs.

On affecte aux terrassements les soldats porteurs de pelles-bêches (ou pelles rondes) et de pioches (ou pioches de parc). On emploie les sous-officiers et autres soldats à la mesure des distances, au jalonnement du tracé, et à d'autres travaux spéciaux, ou bien on les utilise pour la relève des travailleurs.

Les outils du train de combat de l'infanterie sont ou bien distribués en parts égales à chaque compagnie ou bien remis à telle ou telle, proportionnellement à ses besoins.

Avant de procéder à la répartition du travail dans la compagnie, ou tout en y procédant, le commandant de compagnie, accompagné de quelques officiers, sous-officiers et soldats, détermine la crête de feu de la tranchée de tirailleurs à creuser et la jalonne à l'aide de soldats, ou au moyen de piquets, sacs à terre, cordes, etc. Les officiers, prenant ensuite, s'il en est besoin, la position couchée, constatent si de tous les points de la crête de feu il est possible de bien battre le champ de tir, et déterminent la hauteur de cette crête de feu et les emplacements réservés aux traverses.

Pendant l'exécution des travaux, si, en raison de la nature des terres ou pour toute autre cause, il est nécessaire de modifier le profil choisi d'abord, cette tâche incombe à l'officier chargé de la direction des travaux.

Après avoir terminé les préparatifs concernant le travail

des soldats, on dispose les pelleteurs sur la ligne choisie comme crête de feu, soit, ce qui est le cas général, à l'intervalle d'un bras (intervalle de 1 mètre environ), soit à l'intervalle de deux bras ($1^{m},50$), et l'on répartit derrière eux les piocheurs.

On fixe le nombre des piocheurs et des pelleteurs d'après la nature des terres à creuser. On constitue, s'il le faut, une réserve d'outils, haches, pics, scies, que l'on emploie au fur et à mesure des besoins pendant l'exécution du travail.

Lorsque la répartition des travailleurs est terminée, chaque pelleteur pique en terre sa pelle-bêche (ou pelle ronde) tout contre la pointe de ses pieds (s'il est porteur de son fusil, il le pose à quelques pas en arrière) et trace une petite rigole jusqu'à l'emplacement de son voisin de droite. On commence de la sorte par tracer le bord antérieur de la tranchée; puis, par le même procédé, on en marque le bord postérieur. Lorsque cela est fait, on se met au travail en creusant la terre entre ces deux lignes.

On dispose des travailleurs aux emplacements réservés aux traverses. L'ordre dans lequel on y procédera aux travaux est conforme à ce qui précède : on y laisse au terrain naturel l'épaisseur nécessaire et l'on creuse tout autour, en jetant le déblai sur la traverse ou le parapet et en étalant le surplus en arrière.

L'organisation des abris est ordinairement confiée à des groupes spéciaux : on les commence en même temps que les tranchées de tirailleurs et que les tranchées couvrantes.

La relève des tirailleurs ne s'opère ordinairement que si la durée du travail dépasse une heure. Cependant, si les travailleurs sont fatigués, ou si l'on emploie la pelle-bêche, il sera bon de hâter la relève à la demande des circonstances.

48. On emploie au revêtement du talus intérieur des mottes de terre provenant du déblai ou des gazons. L'excédent de terres qui n'est pas nécessaire à la construction des parapets et que l'on ne peut pas jeter en avant est étalé en arrière. D'autre part, en ce qui concerne le parapet, on établit le remblai par couches égales et, chaque fois qu'il atteint une hauteur convenable, on le durcit, soit en le foulant au pied, soit en le tassant.

Dans le but d'achever rapidement le remblai, il est bon d'amener à pied-d'œuvre ou de rassembler auprès du talus intérieur les tonneaux, fagots, bois de construction, etc.

En général, on recouvre le remblai au moyen des accessoires naturels existant dans le voisinage. Il est indispensable que son aspect extérieur ne permette pas de le distinguer facilement du terrain environnant.

Lorsqu'on établit des tranchées de tirailleurs sur un terrain commandé par l'ennemi ou sur une pente inclinée dans sa direction, on arrondit la crête arrière du fossé et l'on crée un masque ou un couvert.

49. Dans le cas où, craignant qu'une attaque ne survienne pendant les travaux, on commence par exécuter une tranchée pour tireur à genou, on forme le remblai par couches voisines de la ligne de feu. Chaque tirailleur crée d'abord son propre épaulement, puis, en étendant celui-ci à droite et à gauche, on forme une ligne continue. On rejette ensuite les terres au delà de ce premier épaulement, dont on augmente l'épaisseur jusqu'à achèvement complet.

Dans ce cas, lorsqu'on commence les travaux en associant dès les débuts les travailleurs deux par deux, on peut réaliser rapidement la protection la plus urgente.

50. Quand il faut travailler sous le feu de l'ennemi, le tirailleur porteur de la pelle-bêche (ou pelle ronde) pose son fusil en arrière et près de lui. Après avoir pris la position couchée, il commence par établir un épaulement individuel d'au moins $0^{m},30$ de hauteur utilisable dans le tir couché. Il passe ensuite son outil à celui de ses voisins qui n'a pas de pelle-bêche (ou de pelle ronde). De cette façon, on finit par obtenir un épaulement continu, que l'on complète suivant les nécessités. Si cependant la couleur de l'épaulement créé différait absolument de celle du terrain environnant, il y aurait lieu de se préoccuper de la vulnérabilité qui en serait la conséquence.

Dans un cas pareil, si l'on a des sacs à terre, il y aura avantage à s'en servir.

Traverses et parados.

51. Non seulement les tranchées de tirailleurs et les tranchées couvrantes sont garanties par leur tracé contre les coups d'écharpe ou d'enfilade, mais encore l'intérieur en est protégé par des traverses. En outre, il faut limiter l'action destructive des obus qui éclatent à proximité de la tranchée.

La hauteur des traverses ne dépasse pas habituellement celle des parapets. Leur longueur est telle qu'elles occupent la largeur totale de la tranchée. Leur épaisseur est d'environ 1 mètre au niveau de la crête de feu. De plus, dans les tranchées de tirailleurs à l'intérieur desquelles l'ennemi a des vues plongeantes, il y a lieu de diriger vers l'arrière la pente du sommet de la traverse et de lui donner une inclinaison variable suivant les circonstances. Enfin, les communications dans le voisinage de la traverse sont réalisées au moyen d'un passage qui en fait le tour et dont la largeur minimum à la base est de $0^m,50$ (fig. 11).

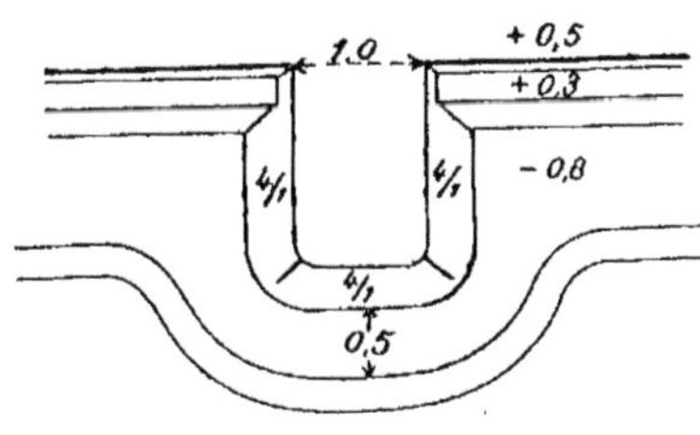

Fig. 11.

Pour établir une traverse, sans diminuer la longueur de la crête de feu, on organise, comme dans la figure 12, une traverse séparée. En cet endroit, le parapet fait saillie sur le champ de tir : on met un revêtement à son talus intérieur, et, par derrière, on ménage une ban-

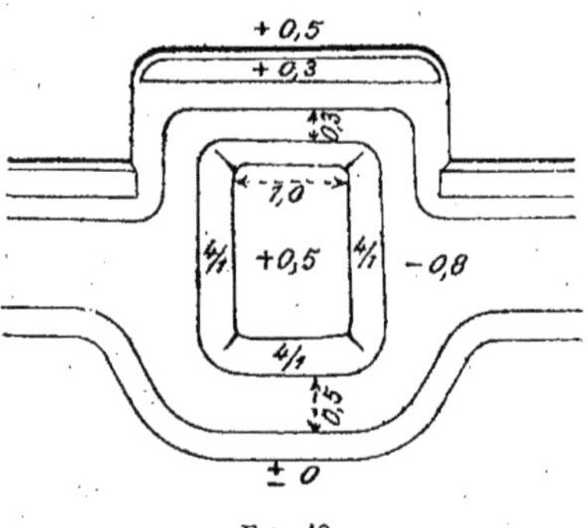

Fig. 12.

quette de $0^m,30$ de large. L'extrémité antérieure de la traverse sera placée à hauteur de la crête de feu et la pente de sa face avant maintenue aussi raide que possible.

La traverse séparée est non seulement d'une exécution compliquée, mais encore, suivant la position qu'elle occupe, sa face avant est trop facilement exposée aux vues de l'ennemi. Il y aura donc lieu, en pareille circonstance, d'organiser un couvert facile à exécuter.

Lorsque l'on établit des traverses à l'intérieur d'une tranchée exposée aux vues plongeantes de l'ennemi, la création d'un chemin de ronde fournissant un volume de terre considérable est susceptible de fournir un objectif à l'ennemi. Il conviendra, dans ce cas, d'établir une communication sous la traverse (fig. 13).

Lorsqu'il est nécessaire d'élever une traverse dans une tranchée de tirailleurs déjà terminée, on emploie des

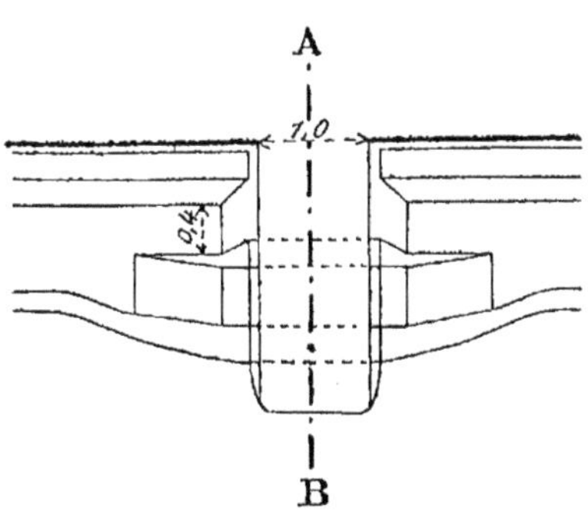

Profil de BA

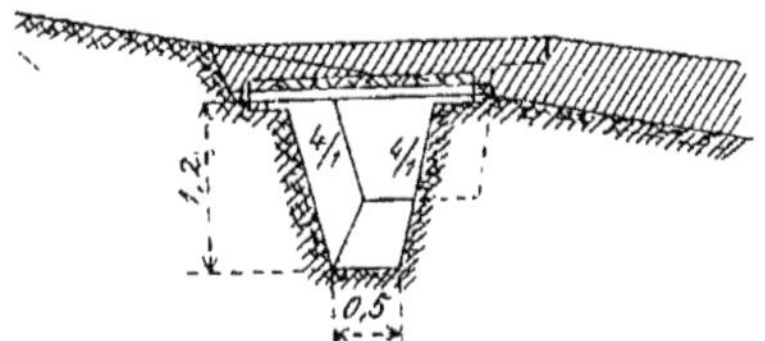

Fig. 13.

gabions, tonneaux, caisses (fig. 14), ou bien des planches, claies (fig. 15).

L'intervalle entre deux traverses est variable suivant les circonstances.

Quand l'intervalle entre deux traverses est d'environ 10 mètres, on y organise deux abris pour six hommes, du modèle des figures 20 ou 21, et qui sont séparés par une cloison naturelle en terre d'environ 1 mètre d'épaisseur.

Lorsque cet intervalle est de 7 mètres, il convient d'établir deux abris du modèle de la figure 22.

52. Dans le cas où l'on craint de recevoir des coups de revers, on réduit la largeur de la tranchée au minimum (on descendra s'il le faut jusqu'à 0m,60) et l'on établit un

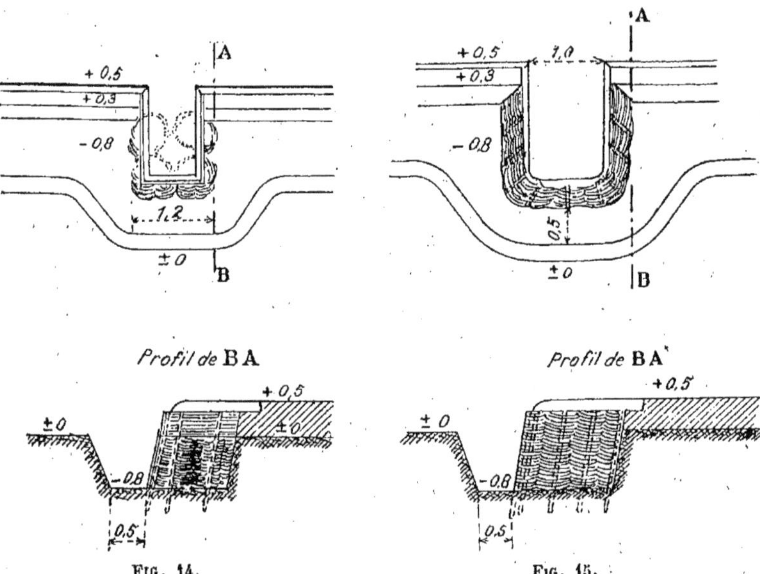

Fig. 14.

Fig. 15.

parados (fig. 16). On ne donnera à ce parados que la hauteur strictement nécessaire.

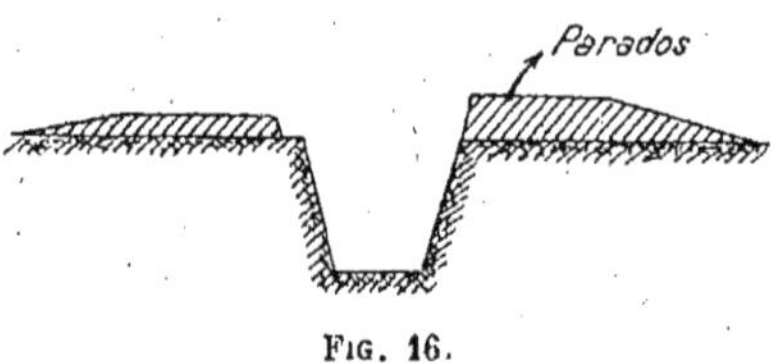

Fig. 16.

Abris.

53. Pour garantir les troupes engagées dans le combat de feu contre les pertes causées par l'artillerie ennemie, il est absolument nécessaire d'organiser des abris dans les tranchées de tirailleurs, les tranchées couvrantes et les petites tranchées établies sur le flanc des tranchées de communications.

Bien que le but à atteindre soit de se garantir par des abris légers contre les balles de shrapnels et les éclats d'obus, qui sont surtout à redouter pendant le combat, on emploie pour se protéger contre les obus explosifs les matériaux qu'on peut rassembler sur le terrain de la lutte. Les abris organisés n'assurent qu'une protection imparfaite : c'est pourquoi, plutôt que d'établir un petit nombre d'abris renforcés, il sera préférable d'en organiser un grand nombre de légers (abris de six hommes environ), car il vaut mieux limiter à un seul abri les pertes causées par les obus (fig. 17).

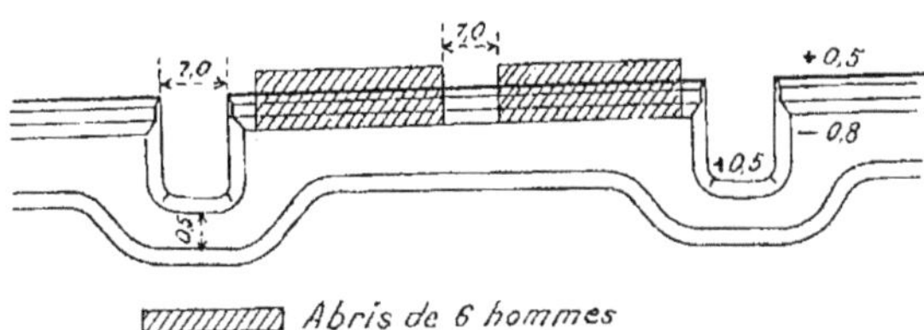

Fig. 17.

Entre deux abris, il faut laisser une cloison naturelle d'au moins 1 mètre.

Lorsque les circonstances ne permettent pas d'établir des abris, on donne au fossé toute la profondeur possible et, en taillant aussi raide que possible le talus intérieur, on s'efforce d'augmenter la zone de protection à l'intérieur de la tranchée.

Dans les tranchées de tirailleurs et les tranchées couvrantes dépourvues d'abris, pour se rendre moins vulnérables aux coups de l'artillerie ennemie, pendant la période d'attente, les tirailleurs s'adossent au talus intérieur, assis par terre, les jambes croisées ou allongées ou bien assis sur une banquette.

54. Il est absolument nécessaire que l'emplacement de ces abris ne puisse être reconnu par l'ennemi. Il faut aussi que les abris ne diminuent pas la longueur de la crête de feu, qu'ils permettent aux troupes de garde de se porter rapidement à leurs places de combat. On évitera enfin de les établir en dessous d'une crête de feu que l'ennemi découvre facilement de loin.

Pour que l'infanterie puisse, en peu de temps, créer des abris, il faut les simplifier comme il est indiqué dans les modèles des figures 18 à 25.

La figure 18 indique un abri obtenu par l'aménagement d'une tranchée pour tirailleur debout ou d'une tranchée

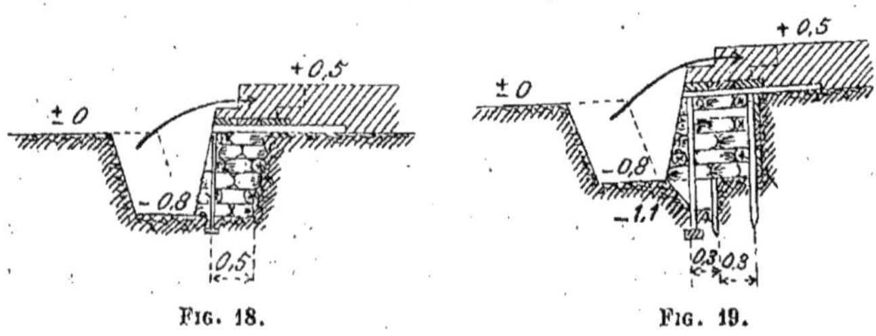

Fig. 18. Fig. 19.

couvrante. On commence, à l'intérieur de la tranchée à aménager, par planter des piquets à 0m,50 environ de la base du talus intérieur et à une faible distance les uns des autres (on peut aussi les poser sur des socles de pierre). Puis on enfonce dans le parapet l'extrémité d'une traverse de bois d'environ 0m,10 de diamètre dont on appuie l'autre extrémité sur le piquet. Sur les traverses on place d'épaisses planches ou des rondins. On approfondit et on élargit la tranchée en arrière, et on obtient la calotte de l'abri en jetant le déblai sur son toit de bois. On aménage ensuite la cloison naturelle intermédiaire d'un mètre d'épaisseur en utilisant les matériaux du voisinage. Si les terres n'ont pas une cohésion suffisante, on aura soin, en taillant verticalement le talus intérieur, d'y appliquer un revêtement, ou, s'il le faut, d'y ménager un gradin (fig. 19).

La figure 20 représente l'abri le plus simple à organiser sous un épaulement quand la force de cohésion des terres le permet. On creuse l'emplacement de cet abri

Profil de D C

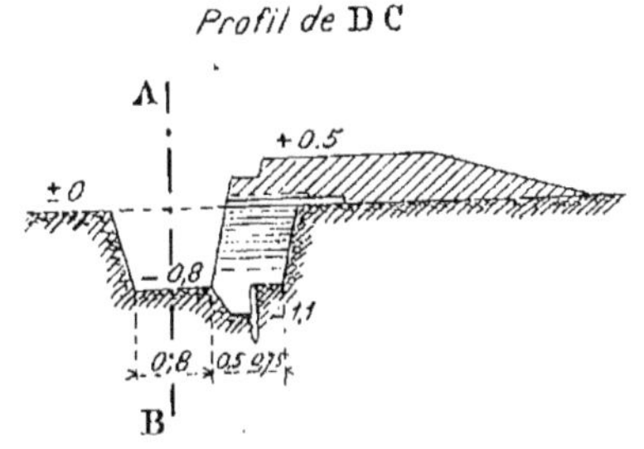

Profil de B A

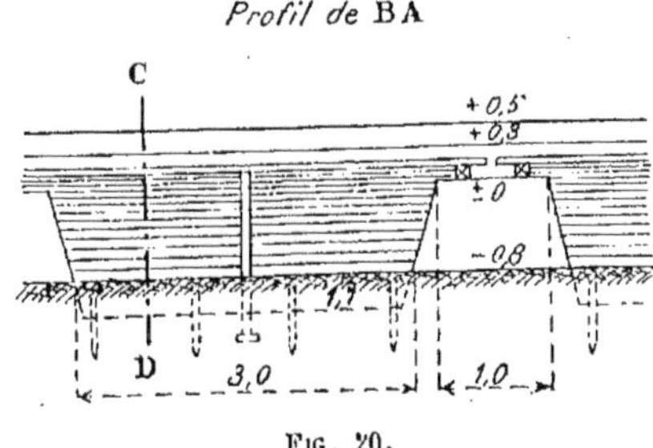

Fig. 20.

en même temps que l'on creuse la tranchée de tirailleurs ou la tranchée couvrante. Quand il est nécessaire d'achever rapidement le parapet, on met en place dès le début du travail les matériaux destinés au toit de l'abri. Pardessus, on élève le parapet, puis on crée l'abri en creusant par-dessous le toit.

L'abri de la figure 21, qui comporte un revêtement, s'emploie dans le cas de terres molles et s'éboulant facilement.

L'abri de la figure 22 est également établi sous le

parapet : aussi convient-il aux parties des tranchées de tirailleurs qui sont exposées à un tir d'enfilade, ou aux

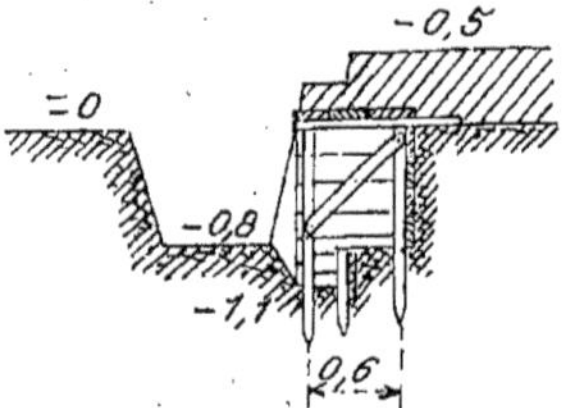

Fig. 21.

tranchées couvrantes, dont il diminuera la longueur. On l'établit en se conformant au modèle de la figure 22.

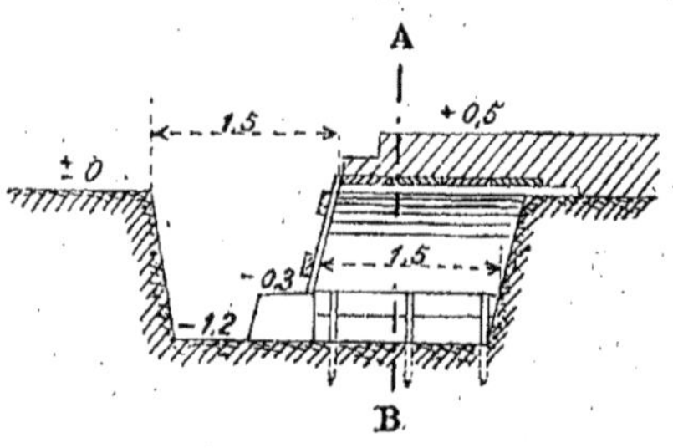

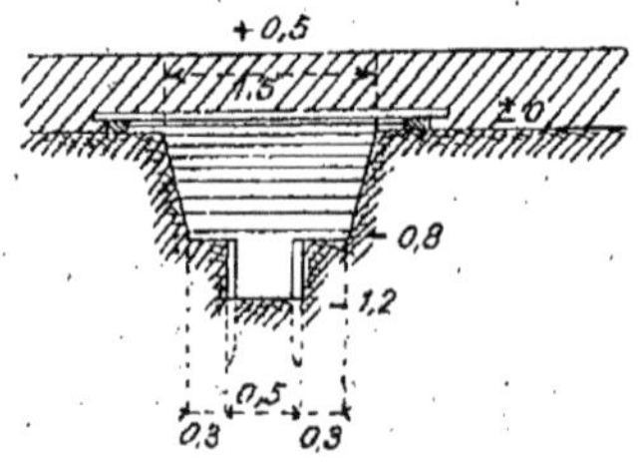

Fig. 22.

55. Derrière une crête, un à-pic, une digue, une pente raide, on peut trouver des emplacements convenables pour créer un abri simple dans le genre de celui de la figure 23.

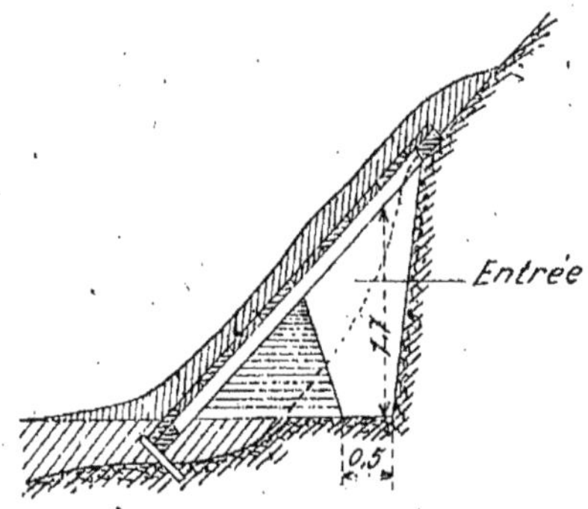

FIG. 23.

On peut encore, en deçà d'une tranchée de tirailleurs et sur une pente inclinée vers l'arrière, organiser un abri analogue à celui de la figure 24.

56. Dans les tranchées de tirailleurs ou les tranchées couvrantes où l'on craint les effets du tir d'enfilade, on se serre contre le flanc de la traverse. On organise un abri en arrière de la tranchée, ou bien l'on en crée dans des tranchées couvrantes spécialement aménagées (fig. 25). Cependant, il faut veiller à ce que les dispositions prises en arrière des tranchées ne soient pas, en raison du terrain, faciles à reconnaître par l'ennemi.

57. Un abri, quel que soit son mode de construction, a généralement une banquette de $0^m,50$ de hauteur. La largeur du siège d'un homme est de $0^m,50$. La hauteur, comptée de la banquette à la partie inférieure du toit de l'abri, sera de $0^m,90$. L'entrée laissée ouverte est exposée aux balles de shrapnels et aux éclats d'obus : pour la couvrir, on se servira de planches d'une épaisseur minimum de $0^m,05$, au moyen desquelles on la fermera.

58. Pour construire un abri, on emploie le matériel obtenu en rassemblant simplement les planches, bois d'équarrissage, bois en grume, battants de porte, etc. qui

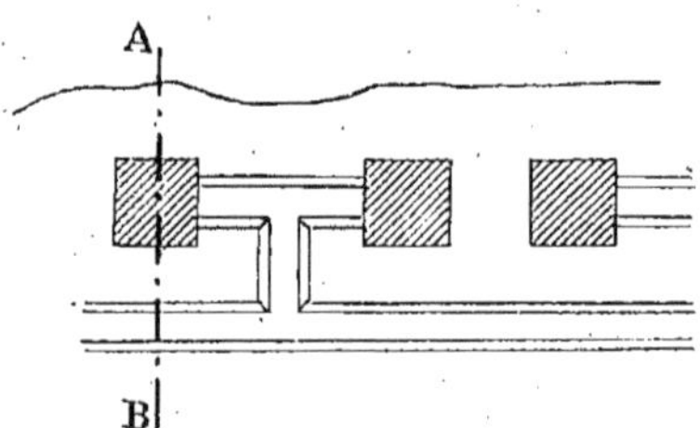

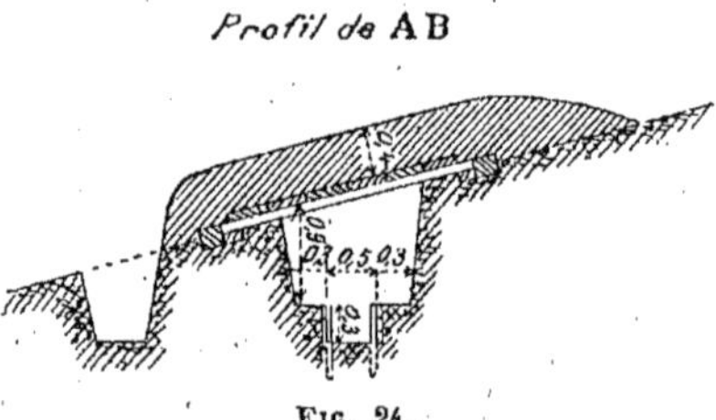

Fig. 24.

se trouvent à proximité du terrain des travaux; ou bien l'on fabrique des claies et des fascines que l'on substitue aux planches et bois en grume.

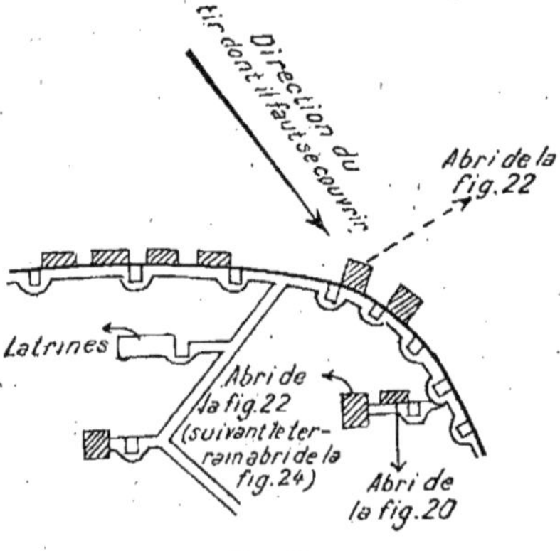

Fig. 25.

Sous la toiture de terre des abris légers, on peut placer sans support : sur une longueur de 1 à 2 mètres, une planche de $0^{m},05$ d'épaisseur; sur une longueur de 2 à 4 mètres, une pièce de bois en grume de $0^{m},10$ à $0^{m},15$ de grosseur. Quant aux traverses de bois plus faibles que les précédentes, suivant le cas, on place un support en leur centre, ou l'on diminue leur portée. Les planches minces s'emploient sur deux et même trois épaisseurs.

Il faut étayer les deux extrémités des planches (fig. 18 à 22) ou des traverses de bois (fig. 24).

Pour rendre les points d'appui solides et identiques, on y dispose des planches ou des morceaux de bois équarris. De même, il conviendra de donner de la solidité aux deux extrémités des traverses de bois en y plaçant des morceaux de bois équarris, des fascines, etc.

Sur les planches ou les traverses du toit de l'abri, on étend des herbes, de la paille, du gazon ou des branchages, et l'on a soin de bien boucher les interstices des joints et de bien fixer les planches. On recouvre le tout d'une couche de terre de $0^{m},40$ d'épaisseur. Si la nature des terres l'exige, on place un revêtement sur les gradins et les parois.

59. Dans des circonstances particulières, par exemple lorsque l'occupation d'une position doit être de longue durée, on construit des abris destinés à garantir des bombes et obus de campagne la longueur totale d'importantes tranchées couvrantes : dans ce cas, on creuse un profond fossé, ayant au fond une largeur d'environ 2 mètres; sur les bermes qui se font face, on dispose en travers des rondins jointifs de $0^{m},25$ de diamètre moyen; pour recouvrir le tout, on met une couche de terre d'au moins 2 mètres d'épaisseur avec une couche centrale de tuiles et de pierres de $0^{m},50$ (fig. 26). Avec quelque soin, on donnera à ce genre d'abri beaucoup de solidité (relier solidement les bois de construction au moyen de clous, crampons, crochets et griffes de bois, chevilles; enfoncer les poteaux profondément dans le sol,

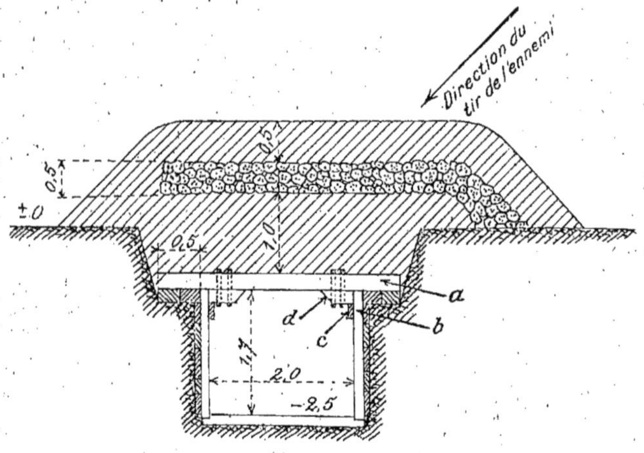

Fig. 26.

les dresser sur des socles de pierre; revêtir les parois d'épaisses planches bien jointes; prendre des mesures pour empêcher le suintement du toit, etc.). Le toit au-dessus de l'entrée doit être particulièrement résistant. On ferme l'entrée au moyen d'épaisses planches.

On peut aussi, en employant pour le toit des matériaux en fer, créer un abri à la fois solide et d'une exécution simple.

Aménagements accessoires.

60. Dans les tranchées que l'on doit occuper pendant plusieurs jours, il convient généralement de prendre les dispositions suivantes :

Dans les tranchées, et surtout dans les abris profondément enfoncés dans le sol, il faut empêcher la pluie de pénétrer. De plus, pour effectuer sûrement le drainage des tranchées, on donnera au fond du fossé une pente inclinée vers l'arrière, on pratiquera au pied du talus arrière une rigole que l'on dirigera vers l'extérieur, ou l'on établira un puisard.

On se préoccupera de l'eau potable et il y aura lieu de creuser des puits répondant aux besoins.

Dans les abris, sur le talus intérieur ou la face arrière des traverses, on établit des dépôts de munitions, des dépôts de grenades à main que l'on met spécialement à l'abri de l'humidité et auxquels, si on le peut, on donne une largeur permettant d'y ranger telles quelles les caisses de projectiles. Cependant, on sépare les grenades à main des munitions et on enterre les dépôts aussi profondément que possible. Il ne faut jamais en mettre un grand nombre dans un seul endroit.

Les postes de pansement et les postes de correspondance sont aménagés dans des abris à l'intérieur de petites tranchées que l'on établit sur le flanc des tranchées couvrantes ou des tranchées de communications.

A l'intérieur des tranchées, on facilite les communications et la désignation des objectifs en disposant de place en place des poteaux indicateurs et des lanternes. On y fait aussi les aménagements nécessaires au tir de nuit.

On installe les latrines à une faible distance des tranchées de tirailleurs ou des tranchées couvrantes avec lesquelles on les fait communiquer.

61. Pour observer continuellement et en toute sécurité le terrain en avant de la position, on organise des postes d'observation pourvus des regards nécessaires. La figure 27 en donne un modèle.

On diminue le plus possible la hauteur de l'orifice extérieur de ces regards, et il est particulièrement important qu'ils ne puissent être reconnus par l'ennemi. C'est pour répondre à cette préoccupation qu'on rétrécit quel-

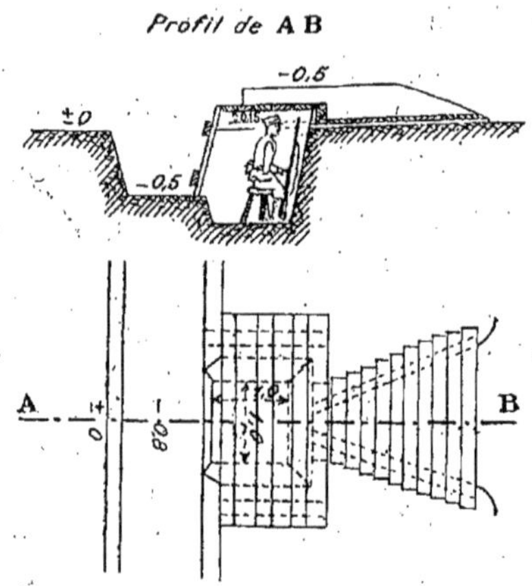

Fig. 27.

quefois l'orifice extérieur en élargissant l'orifice intérieur, mode de construction qui a l'inconvénient de gêner un peu l'observation du terrain avancé.

Si l'on n'a pas le temps de pratiquer un regard, on choisit un emplacement convenable, et l'observateur prend ses dispositions pour voir par-dessus le parapet, soit debout, soit assis. Sur le parapet, on plante des branchages qui masqueront aux vues de l'ennemi la tête de l'observateur.

62. Dans les tranchées de tirailleurs où l'on n'a à tirer que dans une direction déterminée, on établit sur le parapet des couvre-têtes (fig. 28) des créneaux (fig. 29), ou des créneaux pratiqués dans la toiture de l'abri (fig. 30).

Ces diverses dispositions étant de nature à diminuer le champ de tir, il est nécessaire d'y apporter beaucoup de soins. Si l'on ne peut pas en faire disparaître les arêtes extérieures ou la raideur des pentes, elles seront reconnues de loin par l'ennemi et lui offriront de près

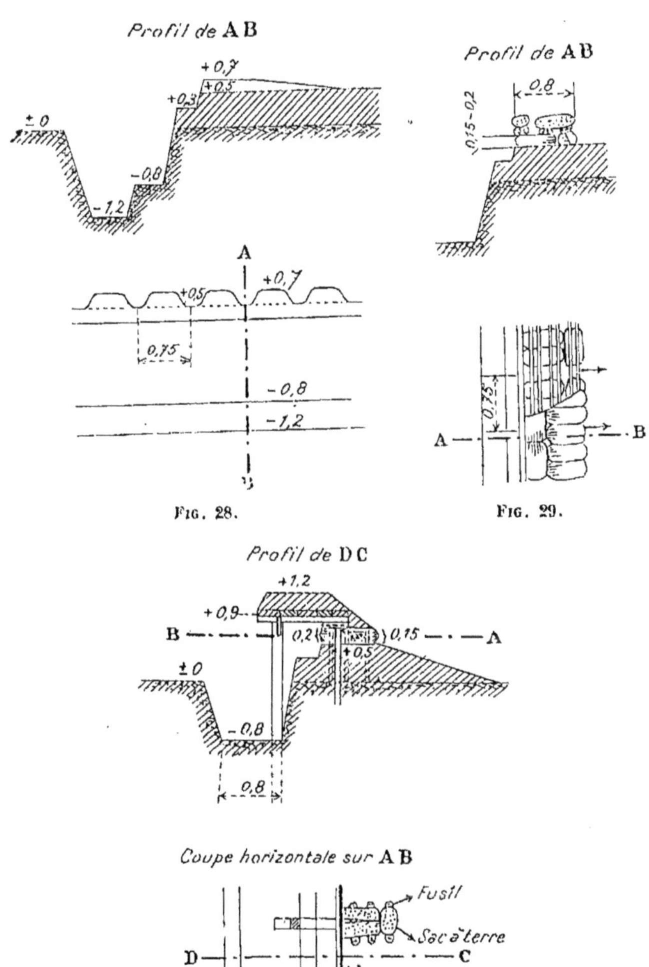

FIG. 28.

FIG. 29.

FIG. 30.

des objectifs faciles à viser : il conviendra donc, dans ce cas, de les pourvoir de masques suffisants. Cet aménagement est difficile à réaliser si l'on ne dispose pas d'un excès de temps ou si l'on n'est pas sur un emplacement difficile à découvrir par l'ennemi, tel que lisière de village ou de bois ou ligne de feu donnant un tir de flanc. On peut toutefois s'en tenir simplement aux préparatifs des couvre-têtes et des créneaux et ne les exécuter que lorsque les tirailleurs occuperont la ligne de feu.

Ouvrage de campagne.

63. L'ouvrage de campagne est à employer par une infanterie occupant un point du terrain avec un faible effectif : il entoure par des tranchées de tirailleurs la totalité ou la plus grande partie du terrain occupé. En outre, dans le but d'augmenter sa force de résistance et de le protéger contre les attaques par surprise, on organise des obstacles tout autour.

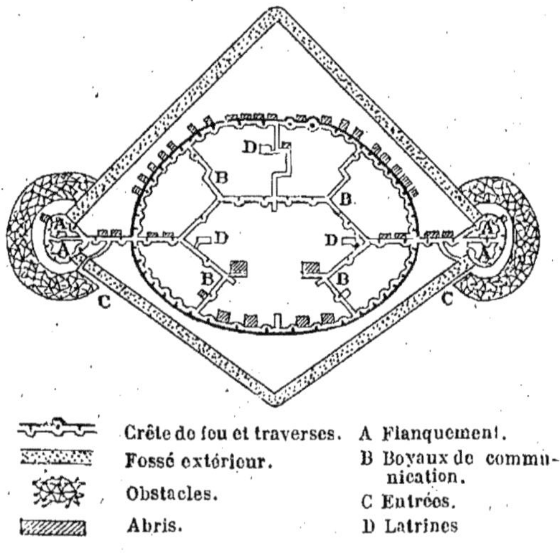

Fig. 31.

Les dimensions et la forme de l'ouvrage de campagne sont déterminées en tenant compte de l'importance et de la nature du point à occuper. L'effectif de sa garnison ne descend pas généralement au-dessous d'une compagnie. La figure 31 donne un exemple d'ouvrage de campagne avec fossés et dispositions défensives pour les flancs.

64. L'ouvrage de campagne s'emploie soit comme partie d'un groupe de travaux formant point d'appui, soit dans un secteur de terrain de faible étendue, comme point d'appui indépendant.

65. Lorsque l'emplacement de l'ouvrage de campagne est exposé aux vues de l'ennemi, ce dernier y concentre le feu de son artillerie, et la garnison de cet étroit espace a plus de peine à éviter les pertes causées par les obus que les troupes réparties sur une longue ligne de tranchées. Aussi importe-t-il de plier le plus possible au terrain l'ouvrage de campagne et de s'ingénier à lui enlever tout aspect extérieur.

66. Dans le cas où il faut, avec un faible effectif, tenir fortement un point du terrain plus exposé aux attaques par surprise qu'au tir efficace de l'artillerie (défense des tunnels, ponts, etc. d'une ligne d'étapes), il est avantageux de construire un ouvrage de campagne fermé à fort relief et entouré de défenses accessoires.

Dans la guerre de forteresse et dans la guerre de position, il est des cas où l'on construit des ouvrages de campagne encore plus forts, pourvus de fossé extérieur : dans ce cas, on assure le flanquement du fossé extérieur ou l'on dispose au dedans des défenses accessoires.

Le flanquement du fossé s'obtient par une ligne de feu à ciel ouvert ou sous toiture-abri. On donne à cette ligne de feu une toiture-abri solide en se conformant aux principes de la construction des abris de la figure 26.

Epaulements de mitrailleuses.

67. En règle générale, les épaulements de mitrailleuses construits sur une position défensive sont des épaulements à l'usage de tireurs à genou.

68. La figure 32 est une plate-forme établie dans le cas où il est nécessaire d'ouvrir le feu rapidement. On peut

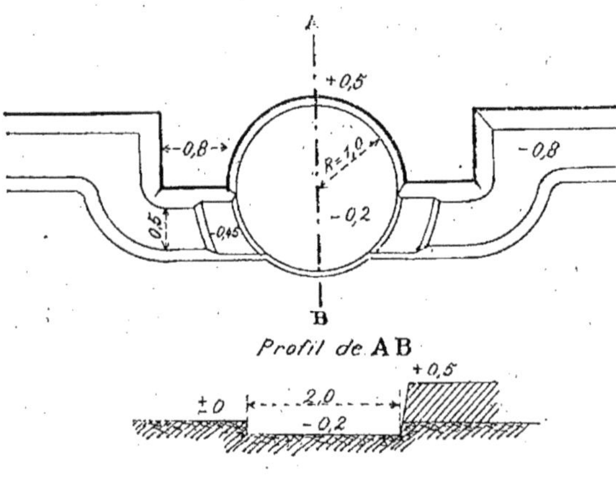

Fig. 32.

la placer à l'intérieur des tranchées de tirailleurs ou de tranchées de communications spécialement créées à cet effet. Puis, d'après le temps dont on peut disposer, on la renforce progressivement et on entoure l'arrière de la plate-forme d'une tranchée de communications, comme dans la figure 33. Pour augmenter la protection de la mitrailleuse, on creuse une tranchée couvrante pourvue de toitures-abris et de talus intérieurs revêtus.

Sur les côtés de la plate-forme on ménage des abris où l'on range les munitions et accessoires.

Si le temps fait défaut pour construire un épaulement,

il faut au moins organiser un masque dérobant la mitrailleuse aux vues de l'ennemi.

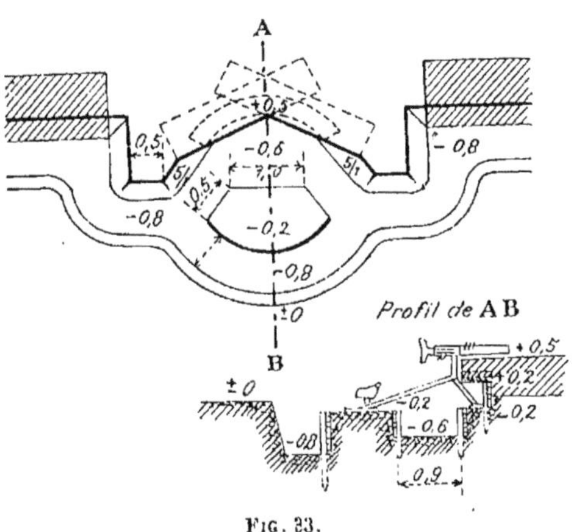

FIG. 23.

Epaulements d'artillerie.

69. L'organisation d'une position d'artillerie dépend des circonstances et du terrain. Bien qu'il n'y ait pas de règle uniforme, le principe est de pourvoir d'abord à la protection du personnel, en second lieu à celle du matériel. Même sous le feu, il faut tâcher de construire des épaulements à l'usage des servants, mais ces travaux ne doivent pas avoir pour conséquence de retarder ou de gêner le tir.

70. Les travaux à effectuer sur les positions d'artillerie consistent, pour l'artillerie de campagne, en épaulements pour pièces et caissons de munitions (caisses), observatoires, tranchées à l'usage des cadres, etc. Cependant, les épaulements pour caissons de munitions (caisses) ne se construisent que dans la guerre de forteresse ou dans une guerre de position de longue durée.

Pour l'artillerie lourde de campagne, on se conforme

aux indications du paragraphe précédent. Il faut, en outre, établir des dépôts de munitions (en général à l'intérieur des tranchées pour les servants), des postes de correspondance, et, s'il y a lieu, des tranchées spéciales pour gargousses que l'on installera sur les deux ailes de la ligne de pièces.

71. Les épaulements pour pièces varient suivant la nature des canons et leur mission. La largeur n'en est pas fixée; cependant, en comptant d'axe en axe, on prend ordinairement vingt-trois pas d'intervalle pour les canons de montagne et de campagne, et vingt-cinq pour les canons lourds de campagne. Lorsqu'on ne peut éviter la mise en batterie sur un étroit espace, on pourra raccourcir cet intervalle de moitié : il n'est pas indispensable que cet intervalle soit partout le même.

L'intervalle entre les batteries a pour raison d'être la facilité de commandement du tir. Il est avantageux qu'il ne descende pas au-dessous de trente pas. Cependant, il n'est pas permis, dans ce but, de réduire l'intervalle entre les pièces.

72. Quand on ne dispose pas d'un temps suffisant pour les travaux, on commence par construire des épaulements simples à l'usage des servants; on les renforcera par la suite.

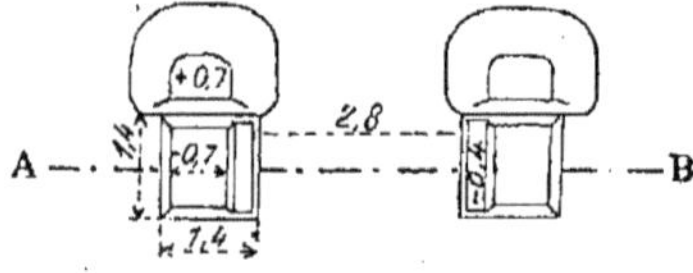

Profil de AB

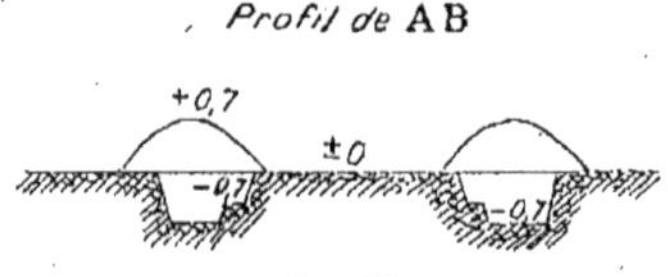

Fig. 34.

En ce qui concerne l'artillerie de campagne, on trace les bords des tranchées à droite et à gauche de la ligne principal de tir et à un intervalle de $1^{m},40$ pour les canons de campagne, de 1 mètre pour les canons de montagne. On creuse les tranchées après avoir affecté deux ou trois hommes à chacune d'elles; on jette les terres par devant et l'on en forme un remblai en les foulant aux pieds (fig. 34). Puis, quand la situation le permet, on creuse la plate-forme et l'on crée les couvre-flancs (fig. 35).

REMARQUE. — Pour l'artillerie de montagne, la largeur du bord antérieur de la plate-forme est de 2^{m}.
Le rayon du demi-cercle de tête est de 1^{m}.
La plate-forme est à $0^{m},40$ au-dessous du terrain naturel.
On établit sur la plate-forme une rigole en forme d'arc de cercle.

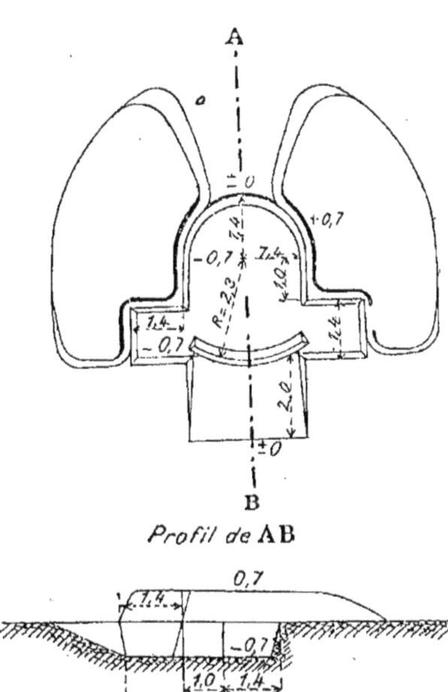

FIG. 35.

En ce qui concerne l'artillerie lourde de campagne, quand il est nécessaire d'ouvrir le feu rapidement, on établit les plates-formes sur le sol naturel. On commence par creuser une tranchée pour créer un épaulement en avant (fig. 36). Puis, si on en a le temps, on élargit la tranchée pour faire un dépôt de munitions et l'on creuse un fossé extérieur qui permettra d'achever l'épaulement des pièces

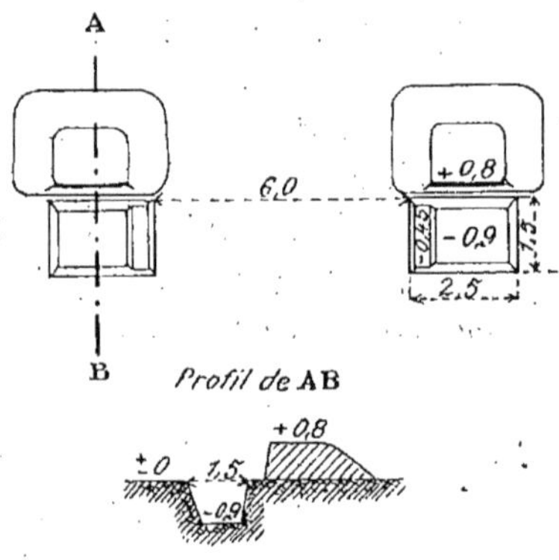

Fig. 36.

(fig. 37). On sépare les charges des projectiles. D'ailleurs, quand on dispose d'un temps suffisant, il est bon de com-

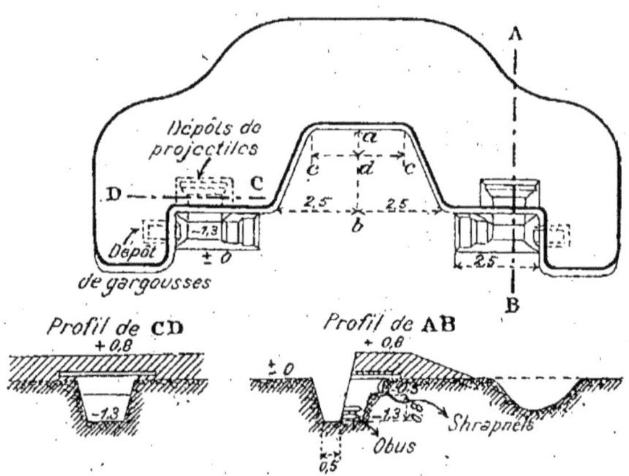

Fig. 37.

Remarque. — On recouvre tous les projectiles avec de la toile. *ab* : canons de campagne, 3m, obusiers, mortiers 2m,5. *cd* : mortiers, 2m; obusiers, canons de campagne, 1m,5.

mencer par établir une plate-forme en creusant le sol naturel.

Après avoir achevé l'épaulement, si l'on a du temps de reste, on crée un abri en élargissant convenablement la tranchée (voir les fig. 18 à 22), et l'on donne ainsi un surcroît de sécurité au personnel et aux munitions.

Même s'il est nécessaire d'augmenter la solidité de l'épaulement, on ne doit pas pour cela le rendre plus facile à découvrir par l'ennemi. Il est avantageux de prendre les terres destinées à ce renforcement, en approfondissant, le plus possible, les tranchées couvrantes.

73. Sur un terrain à pente inclinée vers l'arrière, il y a avantage à établir les plates-formes, en creusant le sol naturel (fig. 38). Il est des cas où, d'après le terrain, il suffit

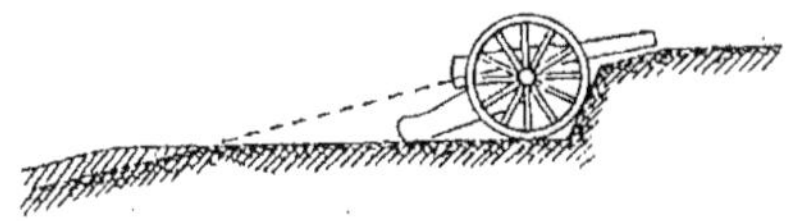

Fig. 38.

simplement de creuser des rigoles susceptibles de recevoir les roues des pièces.

Sur un terrain à pente inclinée vers le flanc, on établit les plates-formes en élardant le sommet. Sur un sol mou, il est bon de damer l'emplacement de la crosse et des roues. S'il y a lieu, on placera à angle droit sous les roues des planches épaisses, de gros rondins, des fascines, etc.

Sur une lande ou un sol sec, chaque coup soulève de la poussière et est propre à attirer l'attention de l'ennemi. En pareil cas, on étend sur le sol en avant des pièces, de la toile humide, des paillassons, etc...; on peut aussi y répandre de l'eau, ou y placer des sacs à terre.

74. Un épaulement qui n'est pas bien construit devient parfois un objectif et augmente la vulnérabilité au lieu de la diminuer. Aussi prend-on des mesures pour que l'ennemi ait des difficultés à le reconnaître et à l'observer et, s'il le faut, crée-t-on des masques sous lesquels on tâchera de le dissimuler.

Des piles de terre, élevées séparément, surtout des piles de terre peu épaisses mais susceptibles d'attirer l'attention de l'ennemi, boucheront les intervalles des épaulements. (Il sera indispensable de les placer sur la même ligne que ces derniers.) Le mieux sera de leur donner le même aspect extérieur.

75. On choisit pour les observatoires des emplacements ayant de bonnes vues et difficiles à repérer par l'ennemi.

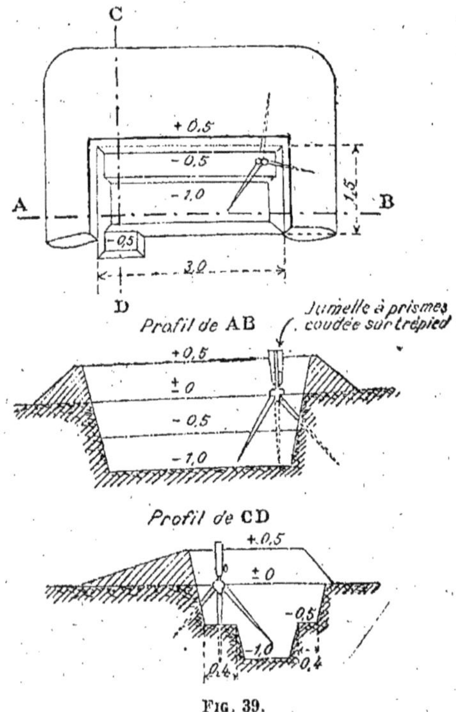

Fig. 39.

On les organise solidement, autant que possible dans le voisinage de la ligne des pièces (fig. 39). Si leur emplacement est très exposé aux coups de l'ennemi et que l'on dispose d'un excès de temps, on leur ajoute une toiture-abri très résistante.

On construit en général les épaulements des cadres d'après les mêmes principes que les observatoires.

76. Les épaulements des caissons de munitions de l'artillerie de campagne comportent une tranchée creusée parallèlement à la ligne des pièces et ayant au fond du fossé une largeur d'au moins 2 mètres. La hauteur de l'épaulement au-dessus du fond du fossé atteint environ 1m,50 pour l'artillerie de campagne et de montagne, 2 mètres pour l'artillerie lourde de campagne. S'il est nécessaire, on construit une toiture-abri. Les deux extrémités de la tranchée sont reliées par une rampe au terrain naturel.

Les épaulements des caisses à munitions sont construits d'après les indications du paragraphe précédent. Il suffira de leur donner 1 mètre de largeur au fond du fossé.

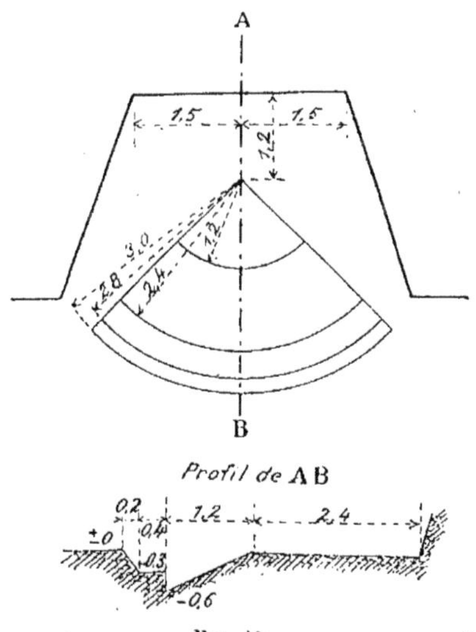

Fig. 40.

Parfois on établit des tranchées de communications entre l'emplacement des attelages et la ligne des pièces, entre les pièces ou entre les batteries. On y ajoute les aménagements nécessaires pour pouvoir les utiliser comme dépôts de munitions.

77. Les obusiers de 12 centimètres et les canons de 10 centimètres, s'emploient habituellement sans plate-forme. Avec les canons de 10 centimètres, on établit sur l'emplacement de la crosse une rigole en forme d'arc de cercle, destinée à fixer la bèche de crosse : disposition qui facilite le tir sous des angles supérieurs à 15° et le tir sur but mobile (fig. 40).

L'obusier de 15 centimètres utilise une plate-forme organisée avec des claies de glycine (fig. 41).

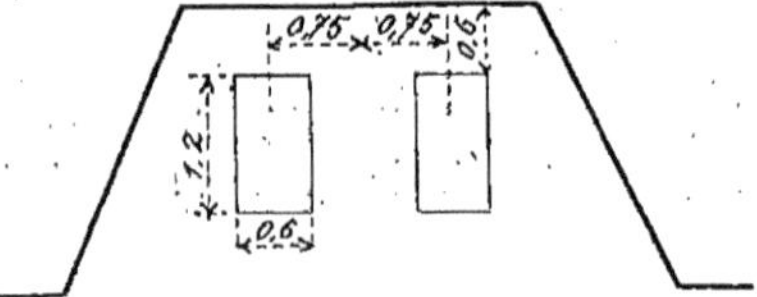

Fig. 41.

Pour les mortiers de 15 centimètres, on creuse une plate-forme horizontale. On y place des solives au-dessus desquelles on dispose et l'on fixe un plancher (fig. 42).

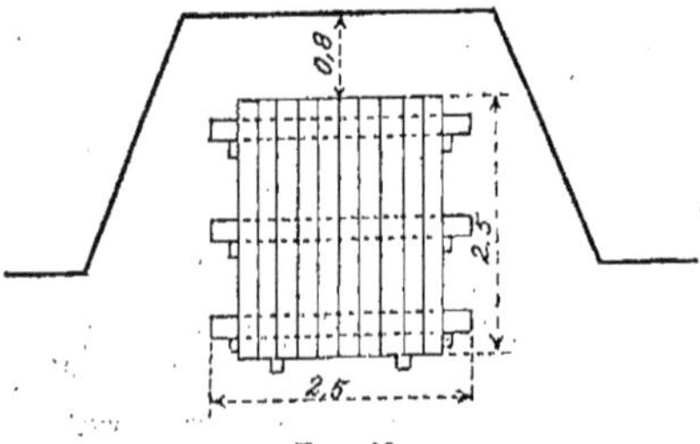

Fig. 42.

Il est bon que les plates-formes soient horizontales et très solides ; c'est pourquoi il faut absolument damer ou recouvrir de gravier le sol où reposeront les claies ou les solives.

Dans le cas où l'on a sur la ligne des pièces une grande quantité de munitions, on installera les magasins aux charges en utilisant le terrain. On prendra des mesures pour les garantir des coups de l'ennemi; généralement on les placera aux deux ailes de la ligne des pièces et l'on se préoccupera surtout de les protéger contre l'humidité.

Défenses accessoires.

78. Le but des défenses accessoires est d'arrêter l'ennemi s'avançant à découvert aux portées les plus efficaces ou de briser une attaque par surprise.

Les défenses accessoires, non seulement ne doivent pas gêner le tir de la défense, mais doivent être protégées par son feu.

Quand les défenses accessoires sont exposées aux vues, elles perdent toute leur valeur et fournissent même à l'ennemi la base la plus importante pour repérer la position. C'est pourquoi il faut s'efforcer de les masquer.

79. Les défenses accessoires les plus employées sont les abatis et les réseaux de fil de fer.

Pour que les défenses accessoires garantissent une protection complète, même par une nuit obscure, on les établit devant la ligne de feu à une distance qui ne doit pas dépasser 30 mètres. Si elles se trouvent sur un emplacement éloigné de la ligne de feu, on établit dans leur voisinage une tranchée d'observation et l'on prend des mesures pour en faciliter la surveillance et la protection pendant la nuit.

Si le terrain n'est pas particulièrement favorable, il révélera certainement à l'ennemi les réseaux de fil de fer et surtout les abatis. Aussi, dans ce cas, conviendra-t-il d'organiser des masques simples.

80. Les *abatis* sont formés de troncs d'arbres ou de

grosses branches, disposés sur plusieurs rangées et plantés dans le sol. On les distingue en *abatis de troncs d'arbres* et *abatis de branchages*.

81. Les *abatis de troncs d'arbres* servent à obstruer un angle mort de la ligne de feu, à combler une lacune dans les travaux de la défense, à barricader un chemin creux ou un pli de terrain. On dispose les troncs d'arbres de manière que la pointe des branches soit tournée vers l'ennemi, et on les place sur plusieurs rangées, les sommets de la rangée d'arrière couvrant les troncs de la rangée d'avant. On les fixe au sol au moyen de traverses de bois, de piquets à crochets, de piquets à fourches. En reliant par du fil de fer les troncs et les branches, on augmente beaucoup la valeur de cet obstacle.

82. Les *abatis de branchages* sont établis aussi bas que possible pour ne pas gêner l'observation ou le tir. C'est pourquoi, en tenant compte du terrain, il conviendra de les disposer dans des tranchées creusées peu profondément.

Pour organiser les abatis de branchages, on abat des maîtresses branches ou des troncs de la grosseur d'un bras, porteurs de rameaux bien fournis et bien détachés. On coupe les menues branches, on effile un peu les grosses et on en dispose quelques-unes perpendiculairement au sol. Comme il est indiqué à la figure 43, sous chaque

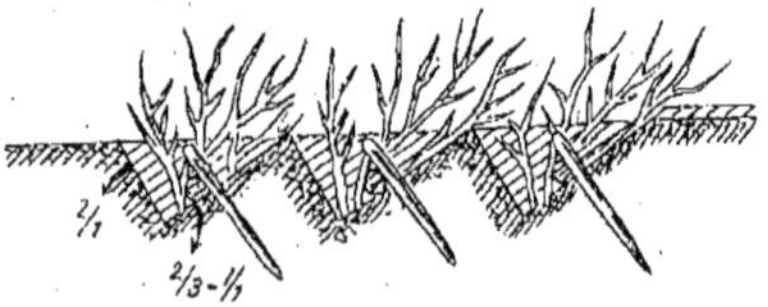

Fig. 43.

rangée d'abatis, on creuse une tranchée à profil triangulaire et l'on y plante des branchages entre lesquels on introduit une pièce de bois de 1m,50 de longueur environ.

On fixe au sol cette dernière au moyen de piquets à fourches ou à crochets et, s'il est nécessaire, on relie le tout avec du fil de fer.

Plutôt que de disposer ces abatis serrés, sur un étroit espace, il est préférable, quitte à les établir un peu grossièrement, de leur donner une grande profondeur.

Sur le talus extérieur d'une tranchée, dans un chemin creux, etc., on organise les abatis de branchage, comme il est indiqué à la figure 44. On donnera de la valeur à cet

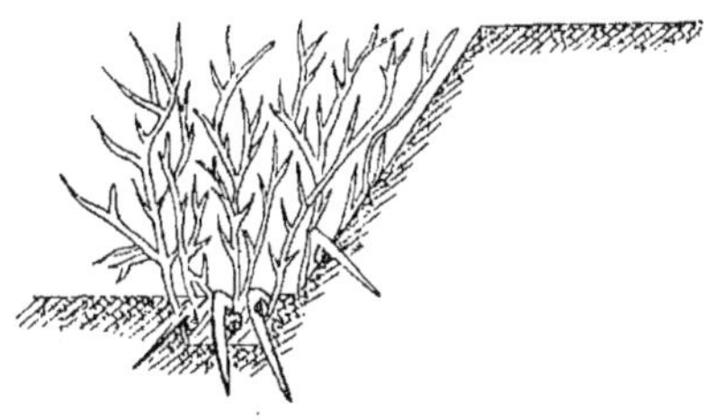

Fig. 44.

obstacle, en l'établissant sur une profondeur qui n'en permettra pas le franchissement.

On relie par du fil de fer les points de jonction des branchages, et même si l'on étend le fil de fer irrégulièrement entre les menues branches, on augmente considérablement la valeur de l'obstacle.

83. Les réseaux de fil de fer ont pour points d'appui des piquets ou des rondins plantés verticalement. On étend sur ces derniers du fil de fer dans toutes les directions. On enfonce solidement dans le sol des piquets de $1^{m},80$ à 2 mètres de long et de $0^{m},15$ environ de diamètre. Leur hauteur, variable, sera en moyenne de $1^{m},20$ et leur intervalle, également variable, en moyenne de 2 mètres. On se sert de fil de fer n° 8 ($0^{m},004$) ou n° 6 ($0^{m},005$) que l'on tend suivant des directions croisées du pied de chaque piquet au sommet du piquet voisin et horizontalement dans l'intervalle compris entre les sommets des piquets ou entre deux points situés à deux mains environ au-dessus du sol (fig. 45). Cela fait, dans les intervalles de ce

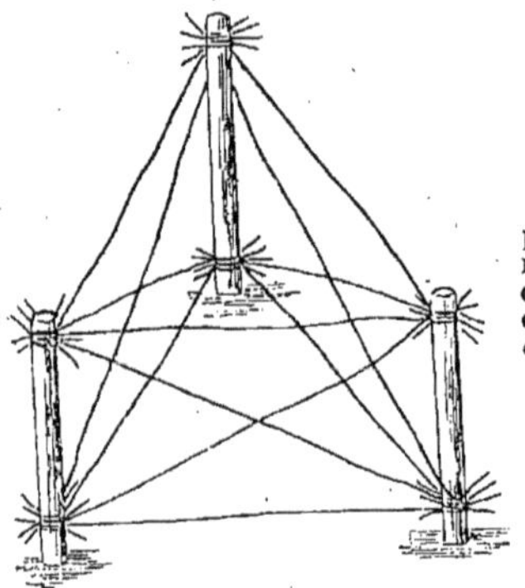

REMARQUE. — Les 8 petites lignes qui partent des 2 bouts inférieur et supérieur des piquets montrent le nombre de gros fils de fer qu'il faut tendre entre chacun de ces points et les autres piquets.

FIG. 45.

gros fil de fer, on en tend du plus fin espacé de 0^m,50 à 0^m,70, dans toutes les directions, et l'on constitue ainsi un réseau de fil de fer.

On fait avec le gros fil de fer une fois le tour de chaque piquet et on l'y fixe à l'aide d'un clou ou par un crampon que l'on peut facilement fabriquer avec le fil. Le fil mince est enroulé et fixé en un point quelconque du gros fil. Si on emploie le gros fil de fer concurremment avec de la ronce artificielle, on augmente la valeur de l'obstacle.

La longueur du fil de fer nécessaire à la construction d'un réseau est de 10 mètres de gros fil par mètre carré de surface à couvrir. (Avec le fil n° 6 le poids est de 430 *momme* (1); avec le fil n° 8, 284 *momme*.) On n'a besoin que d'une petite quantité de fil mince.

84. La valeur de l'obstacle est en raison directe de la profondeur du réseau. Il sera donc bon de lui donner une profondeur d'au moins 10 mètres et, dans les parties du

(1) 1 momme = 3 gr. 756.

terrain où l'on peut craindre une attaque de nuit, il y aura avantage à établir le réseau sur plusieurs lignes.

Bien qu'un pareil réseau de fil de fer ait une grande valeur défensive, il y aurait un inconvénient à ce qu'on pût facilement le reconnaître de loin. Aussi, pour l'établir, utilisera-t-on autant que possible les obstacles naturels et, s'il en est besoin, créera-t-on un couvert. On emploiera également des procédés susceptibles de faire disparaître, par exemple avec de la boue, le brillant du fil de fer, de ternir les surfaces fraîchement coupées des piquets.

Lorsque, malgré l'emploi de ces procédés, il est impossible d'empêcher l'ennemi de repérer le réseau, il convient d'en diminuer la hauteur sauf à augmenter sa profondeur; on peut aussi l'établir dans une tranchée peu profonde.

Si l'on ne dispose que de peu de temps et de matériel, on peut encore créer un obstacle en plantant des piquets peu élevés et en y étendant du fil de fer d'une façon quelconque à une hauteur de $0^m,30$ à $0^m,50$ au-dessus du sol.

Un obstacle d'une exécution simple, consiste aussi en une sorte de lacets de fil de fer répartis irrégulièrement et tendus à une faible hauteur au-dessus du sol.

85. Quand il faut construire un réseau de fil de fer à une faible distance de l'ennemi, on prépare d'avance des éléments de réseau (on leur donne habituellement une longueur de 4 mètres). On les roule et on les transporte de nuit sur l'emplacement choisi. On en plante à la fois plusieurs éléments qu'il sera utile de relier par un réseau fait sur place.

86. Quand il faut établir, à travers l'obstacle, un passage pour la nuit à l'usage des patrouilles et des observateurs, on ménage un petit orifice par lequel les isolés pourront entrer et sortir en rampant et l'on prend des dispositions pour l'obstruer ou le masquer avant le point du jour.

87. Si, malgré l'insuffisance du débit des fossés et ruisseaux, il existe des travaux d'irrigation convenables, ou qu'on puisse amener l'eau artificiellement, on crée une inondation en établissant une digue et en arrêtant le cours de l'eau. Dans ces conditions, même si l'inondation dans sa largeur totale manque de profondeur, une ligne de rigoles larges d'au moins 2 mètres et profondes de $1^m,80$ aura une valeur défensive suffisante.

Dans un terrain argileux, le sol transformé en boue par l'irrigation devient un obstacle, surtout si l'irrigation affecte une vaste étendue.

Si la pente des rivières ou d'autres circonstances l'exigent, on crée des inondations étagées au moyen de plusieurs rangées de barrages.

88. Les barrages doivent non seulement empêcher l'écoulement des eaux par infiltration, mais encore bien résister à leur pression et être garantis contre leur action destructive. Dans ce but, on les soutient par des pieux plantés verticalement sur deux rangées et à une certaine distance les uns des autres. On en bourre les intervalles avec du bois équarri, d'épaisses planches, des rondins, etc., et entre les rangées, on enfonce de la terre, du gazon, des

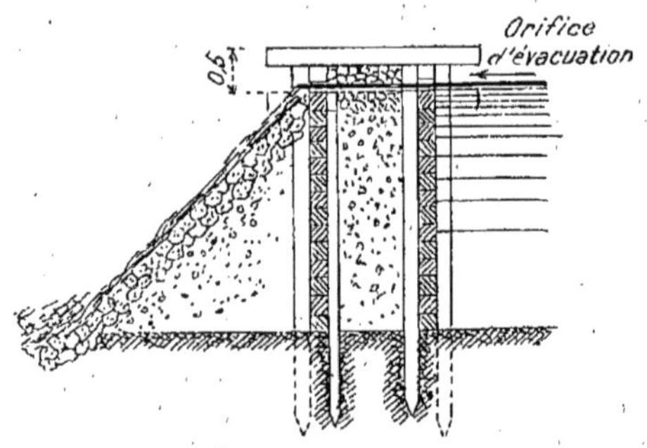

Fig. 46.

pierres, des branchages, etc. (fig. 46). Si on peut utiliser comme étais les piles d'un pont, les travaux seront simplifiés.

Le sommet du barrage doit dépasser de $0^m,50$ le niveau projeté de l'inondation. Si l'on craint que l'eau, débordant et franchissant le barrage, n'en fasse glisser les matériaux, il faut établir un orifice ou un tuyau destiné à évacuer le trop-plein. Les deux extrémités des tuyaux de drainage doivent être protégées soigneusement contre l'action destructive de l'eau.

Il suffira aux barrages construits en terre d'avoir au sommet une largeur variant de 1 mètre à 2 mètres. Il faudra, d'autre part, leur donner une pente aussi douce que possible.

89. On emploie comme défenses accessoires dans le fond des fossés ou sur un secteur de peu d'étendue de *petits piquets*, consistant en rondins ou bambous appointés aux deux extrémités, longs de $0^m,50$ à $0^m,60$. On les plante à une distance de $0^m,20$ à $0^m,30$ les uns des autres, de manière que leur hauteur au-dessus du sol varie de $0^m,25$ à $0^m,30$.

90. Les *chevaux de frise* sont formés de troncs d'arbres assez forts (ayant un diamètre de $0^m,15$ et une longueur de 3 mètres environ) autour desquels on fixe, suivant des directions se croisant à angle droit et à des intervalles de

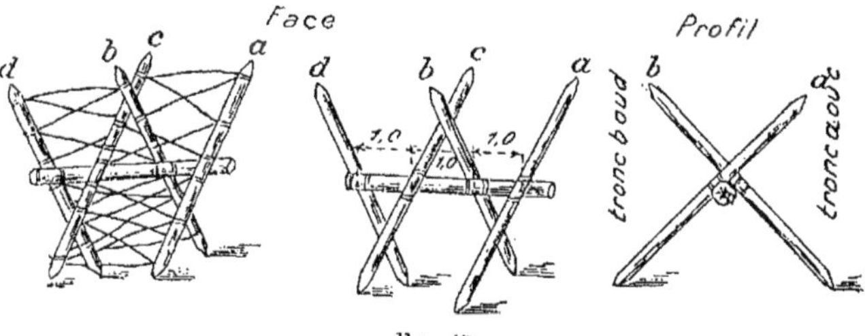

Fig. 47.

1 mètre les uns des autres, des pieux pointus (bambous ou rondins de 2 mètres de long appointés aux deux bouts); entre ces pieux, on tend d'une manière quelconque du fil de fer n° 10 ($0^m,003$). Le cheval de frise ainsi constitué s'emploie comme obstacle (fig. 47).

Ces chevaux de frise étant répartis sur le terrain, s'il est nécessaire de les relier les uns aux autres, on les fixe au sol çà et là au moyen de piquets et, dans l'intervalle qui les sépare, on tend du fil de fer. On obtient de la sorte un obstacle continu.

Les chevaux de frise s'emploient de préférence sur un sol gelé ou rocailleux. Comme l'artillerie peut facilement les détruire ou les renverser, il est très important de les masquer.

91. Un fossé large au sommet de 4 mètres et profond de 2^{m},50, lorsque son flanquement est assuré ou qu'on peut le garnir à l'intérieur de défenses accessoires, constitue un obstacle d'une réelle valeur.

Un fossé plein d'eau, profond de 1^{m},80 et large de 4 mètres au moins, forme un excellent obstacle qui ne peut être ni passé à gué, ni franchi.

92. Il est des cas où il faut créer les diverses défenses accessoires, en utilisant les ressources offertes par le terrain; il y a des situations qui demandent l'emploi des fougasses : c'est alors affaire au génie (voir le Projet de revision du Règlement sur les explosifs).

Il faut que l'ennemi ne puisse pas distinguer facilement les points où l'on a disposé des fougasses, que les explosions n'aient pas lieu prématurément, et surtout que les chemins réservés aux troupes de la défense soient indiqués d'une manière qui attire les regards.

Utilisation des accidents du sol.

93. Les épaulements et les accidents du sol pouvant servir d'obstacles, se trouvent d'ordinaire un peu partout. Il faut ranger parmi ces derniers les petites ondulations de terrain, les bois, les enclos, les constructions, les villages, etc.

L'utilisation inhabile des accidents du sol, non seulement

exerce une grande influence sur la durée du travail, mais encore change du tout au tout la valeur de la fortification de campagne.

94. Tout en respectant la forme générale des fossés, chemins en déblai, plis de terrain, on y ménage des ban-

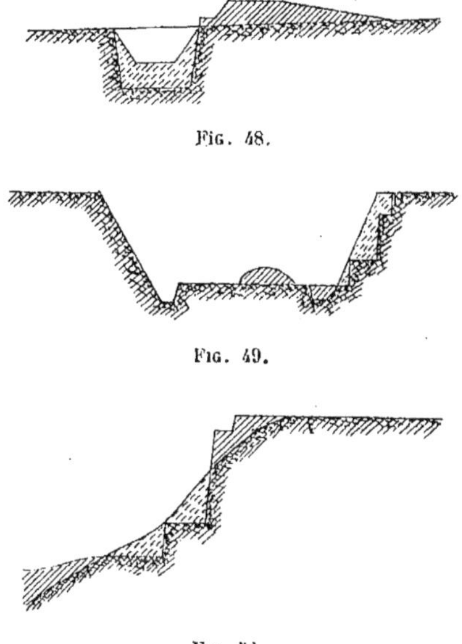

Fig. 48.

Fig. 49.

Fig. 50.

quettes, gradins, rampes (fig. 48 à 50); ou bien, les utilisant comme obstacles, on établit par derrière des tranchées de tirailleurs.

Sur une étroite levée de terre, on peut aménager pour le tir la pente opposée à l'ennemi. Si la ligne est trop haute ou trop large pour que, de la pente opposée à l'ennemi, on ait un champ de tir suffisant, on construira un épaulement sur la partie de la digue tournée vers l'ennemi.

En outre, il sera bon d'établir au moyen d'une tranchée,

les communications entre l'épaulement et le talus arrière de la digue (fig. 51).

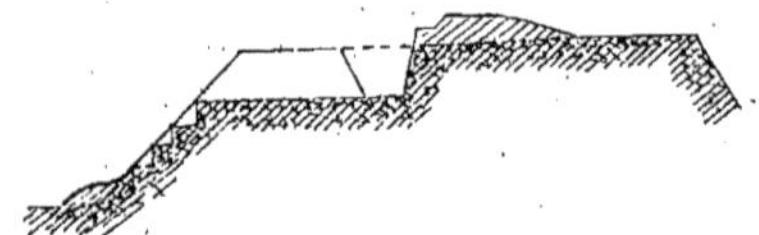

Fig. 51.

En général, lorsqu'on creuse les tranchées de tirailleurs immédiatement en arrière d'une forte pente ou d'un escarpement, on se préoccupe de savoir s'il y aura lieu ou non de leur donner un profil renforcé et, suivant le cas, on choisit pour la ligne de feu un emplacement convenablement éloigné de la crête.

95. Les *haies vives* servent principalement de couverts. Hautes et assez touffues, elles fournissent un excellent obstacle. Si on les renforce en y entrelaçant du fil de fer, on augmente encore leur valeur défensive.

On établit derrière les haies vives les tranchées de tirailleurs. Il convient d'éviter soigneusement tout ce qui peut les faire remarquer de l'extérieur. On peut percer les haies pour y pratiquer des créneaux; on peut aussi laisser chaque tirailleur y ménager lui-même un passage pour son fusil (fig. 52).

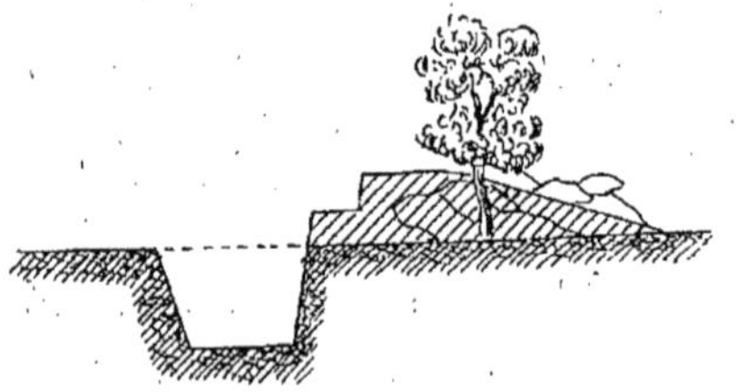

Fig. 52.

96. Les tiges de *gao-liang* peuvent être brisées et couchées dans le même sens à $0^m,60$ au-dessus du sol. Si on les entrelace par endroits, on aura non seulement dégagé le champ de tir, mais encore constitué un obstacle efficace.

On peut aussi utiliser comme obstacles les jeunes *plants de mûriers*, dont on entrelace çà et là les rameaux flexibles.

97. On utilise en général les clôtures en planches comme les haies. Parfois, on les démolit, et le bois en est employé à des abris ou des revêtements.

Les palissades ne servent en général que d'obstacles.

Les clôtures en fil de fer forment un obstacle excellent. Si l'on veut établir par derrière les troupes de la défense, il faut se préoccuper des effets des projectiles qui peuvent éclater à leur contact.

98. Les murs, si leur hauteur est suffisante, sont de très bons obstacles. S'ils ont une épaisseur convenable, ils suffisent à protéger contre les balles de fusils, les balles de shrapnels et les éclats d'obus. Il est rare cependant qu'ils puissent résister aux obus explosifs.

Les figures 53 à 55 donnent des exemples de dispositions pour le tir variant d'après la hauteur des murs.

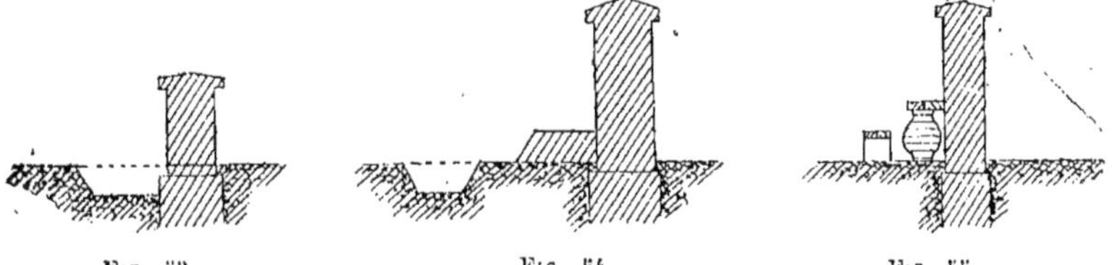

Fig. 53. Fig. 54. Fig. 55.

Un moyen de faire perdre leur efficacité aux balles ou éclats d'obus frappant les murs sera de couronner le sommet de ces derniers avec du gazon, des sacs à terre, etc., dont on pourra faire d'ailleurs de très bons appuis pour le tir.

Sur les murs élevés, on peut percer des créneaux. Les créneaux, d'après la nature du tir (de droite à gauche ou de bas en haut) auquel ils sont destinés, sont établis horizontalement ou verticalement. Ordinairement, leur face extérieure est étroite : cependant, dans les murs épais, il est bon de les percer étroits en leur centre et larges sur leurs deux faces.

Quand la hauteur des murs le permet, on peut organiser

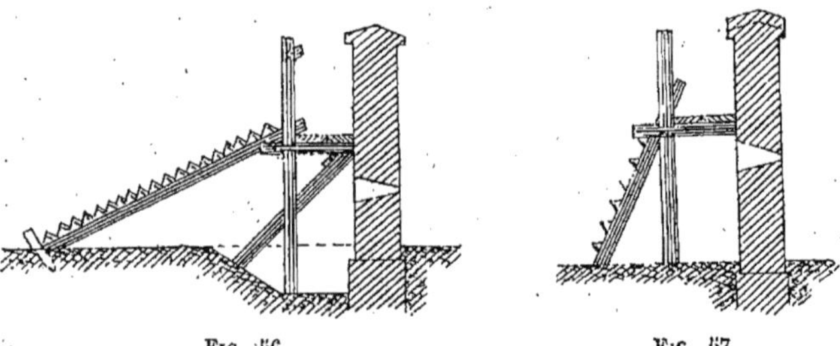

Fig. 56. Fig. 57.

plusieurs lignes de feu étagées (fig. 56 et 57) : dans ce cas, il faut établir de solides estrades et par conséquent disposer de beaucoup de temps et de matériel.

Quand le mur n'a pas plus de 0^{m},50 d'épaisseur, on en démolit la partie supérieure, et le reste en est utilisé comme revêtement d'un talus intérieur, car on fera bien de renforcer de tels murs en les remblayant par devant.

99. L'établissement d'un fossé au pied des haies, clôtures, palissades, etc., peut en rendre l'escalade plus difficile et par suite augmenter la valeur de l'obstacle.

100. Les *bois* ont sans doute l'avantage de dérober aux vues de l'ennemi, mais ils ont l'inconvénient, variable suivant leur espèce et la plus ou moins grande densité des branches et des taillis, de gêner les mouvements et le commandement de la défense. C'est pourquoi, lors des préparatifs de défense, il faut avoir soin tout spécialement d'établir des communications et de les bien indiquer.

101. Comme les bois ne protègent contre les effets des projectiles ennemis que les fractions ayant pénétré assez loin à l'intérieur, il ne faudrait pas négliger d'établir en lisière des tranchées de tirailleurs et des tranchées couvrantes. Ces tranchées cependant seront plus judicieusement placées en avant de la lisière que sur la lisière elle-même.

Fig. 58.

Quand le bois est clairsemé, on peut aussi s'établir à une faible distance en arrière de la lisière.

102. Quand on doit tenir fortement une importante ligne de bois, on en barre toute la lisière avec des abatis de troncs d'arbre. On limite aux points essentiels les travaux des tranchées de tirailleurs et on économise les effectifs en première ligne.

103. Dans les bois dont les racines longues et tortueuses rendent le sol difficile à creuser, on coupe ces racines pour établir le remblai, comme dans la figure 58, et l'on supplée

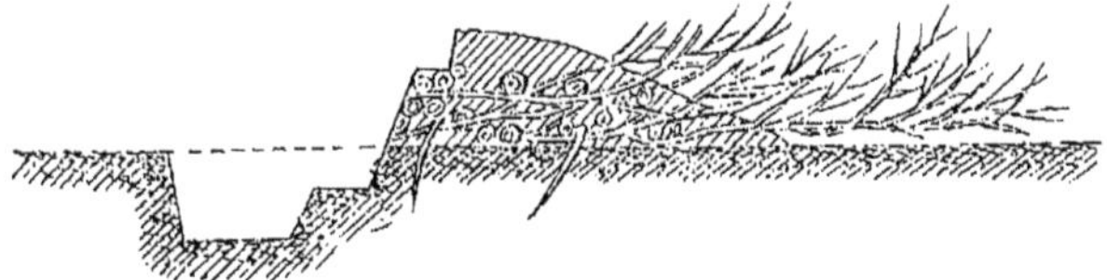

Fig. 59.

ainsi le volume de terre nécessaire à la construction de l'épaulement. Les travaux indiqués à la figure 59 répondent aussi à ce dernier cas.

104. On obtient un obstacle ayant une bonne valeur défensive en tendant du fil de fer dans les bois, bosquets, etc.

105. Les *constructions*, en général, non seulement ne suffisent pas à garantir des effets des projectiles d'artillerie, mais encore, si leurs murs n'ont pas une certaine épaisseur, elles ne protègent pas contre les balles.

Les maisons aux toits de chaume ou de planches ne peuvent servir de protection contre le tir de l'artillerie que si on les débarrasse de leurs toitures.

106. Dans la mise en état de défense d'une maison, on se conforme d'une façon générale à ce qui suit :

Il faut s'occuper, en premier lieu, des aménagements pour le tir, en second lieu de la protection de la garnison; viennent ensuite les dispositions à prendre pour s'opposer à une irruption de l'ennemi.

On devra aménager en vue du tir le rebord inférieur des fenêtres. Quand, pour empêcher l'ennemi de pénétrer, on

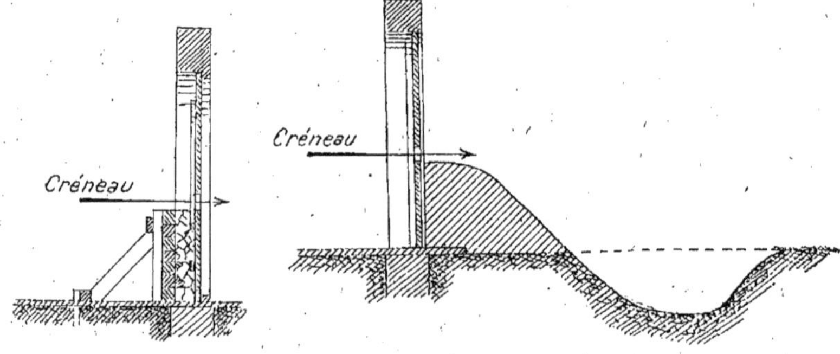

Fig. 60. Fig. 61.

établit des barricades en planches, il faut de même, à l'extrémité inférieure, laisser un interstice en vue du tir.

On ferme les ouvertures; en d'autres termes, on barricade tout ce qui peut être utilisé pour entrer et sortir.

On établit un remblai devant les battants de portes et, après en avoir assuré la protection contre les balles, on y perce des créneaux (fig. 60 et 61). On barricade les soupiraux des caves, où l'on ne poste pas de tirailleurs.

On éloigne de la maison toutes les matières combustibles, et, s'il le faut, on dispose des seaux d'eau en vue d'éteindre les incendies.

S'il reste encore du temps, on perce des créneaux dans les murs, et, en tenant compte des circonstances, on achève graduellement les préparatifs de défense.

107. Dans les constructions entourées de clôtures, telles que les usines, gares de chemins de fer, etc., on commence par préparer la défense de l'enclos. On applique en outre les règles générales de l'article précédent.

Dans la défense des gares de chemin de fer, un excellent moyen de barricader toutes les brèches consiste à enfoncer verticalement dans le sol deux rangées de traverses que l'on étaye et à en bourrer l'intervalle avec des rails.

108. Si l'on a un village à défendre, il y a lieu de considérer l'emplacement du village, sa forme, la nature de sa lisière extérieure et de ses constructions.

Quand les maisons situées sur la lisière sont de solides bâtisses, que leur disposition donne un bon champ de vue et que les chemins, les terrains vagues, etc., se prêtent à l'emploi des réserves, la défense y trouve des conditions avantageuses. S'il y a de grands bâtiments pouvant servir de réduits, ou bien si la défense peut tirer parti de la disposition des maisons à l'intérieur de la localité, on fera bien de prévoir un retour offensif pour le cas où l'ennemi y aurait pénétré.

109. Un village est réparti en secteurs défensifs de compagnie ou de bataillon. Il faut établir les préparatifs de défense de chaque secteur conformément à ce principe, mais en ayant soin de ne pas prendre pour limites de secteurs les principales issues du village.

Les travaux défensifs de chaque secteur sont habituellement exécutés par les fractions mêmes qui ont mission de l'occuper. Par exemple, les fractions de première ligne seront chargées des travaux de lisière, en particulier de leur propre liaison et de la protection à assurer aux renforts. Les réserves seront affectées aux travaux d'aménagement de l'intérieur du village et à la préparation des secteurs défensifs intérieurs. Quand il y a un réduit à organiser, on en charge la fraction destinée à l'occuper.

110. Les travaux défensifs de la lisière d'un village sont conformes aux principes des n°s 95 à 99 et 105-106. On devra, en outre, barrer tous les intervalles par des tranchées de tirailleurs, défenses accessoires, etc.

On barricade les chemins en croisant des voitures lourdement chargées, ou bien en entassant des caisses ou des tonneaux pleins de terre ou de sable. On fait des tas de bois, de pierres, de tuiles, de sacs ou de paillassons pleins de terre et, en recouvrant le tout de terre ou de sable, on donne à l'obstacle une grande solidité. Cependant, quand on barricade les issues principales, il est bon souvent, en vue de maintenir les communications, d'établir un passage spécial.

111. S'il y a lieu d'occuper une ligne d'eau ou une large route traversant le village parallèlement au front défensif, il faut organiser une ligne de défense intérieure. Dans cette organisation, on ne barricade pas les chemins qui assurent la liaison avec la lisière, et même, s'il en est besoin, on ouvre de nouvelles communications. Au surplus, l'organisation ne diffère pas dans ses grandes lignes de celle de la lisière avancée.

112. Si, ne disposant que d'un faible effectif, on craignait en général une attaque brusquée, ou qu'il s'agît de fournir une résistance de longue durée, plutôt que de se défendre sur la lisière du village, il vaudrait mieux se reporter en arrière dans les constructions solides. En ce cas, on devrait augmenter le plus possible la valeur défensive des maisons de manière à pouvoir prolonger la lutte, malgré un enveloppement complet.

CHAPITRE III

TRAVAUX D'ATTAQUE DE L'INFANTERIE ET DU GÉNIE

Règles générales.

113. Les travaux à exécuter par l'infanterie ou le génie dans l'attaque d'une forteresse sont des applications de la fortification de campagne. Cependant, la fortification à laquelle on a recours dans ce cas n'a pas seulement pour objet de permettre une résistance qui s'accroche solidement au sol, ou encore la lutte avec de faibles forces jusqu'à l'arrivée des soutiens; mais, étant donné qu'au contact immédiat de l'ennemi, il est ordinairement difficile d'échapper au danger d'une attaque brusquée, il faut, là où ils ne gêneront pas la progression de l'assiégeant, créer des obstacles suffisants pour briser net une sortie ou une attaque par surprise. De plus, comme il faut prévoir pour ces obstacles une utilisation de longue durée, il est essentiel d'en perfectionner les aménagements au point de vue des liaisons, des communications et de la protection contre les agents climatériques.

Ces travaux d'attaque sont applicables dans leur simplicité même à l'attaque d'une position solide organisée avec toutes les ressources de la fortification.

114. Les travaux d'attaque ont pour objet d'abord l'organisation d'une position d'investissement, puis celle d'une position de couverture de l'artillerie. Si l'on pouvait, dès les débuts, porter la position d'investissement assez près de l'ennemi pour établir d'un seul coup les deux positions nécessaires, on y trouverait un gros avantage.

Le tracé de ces travaux doit permettre de développer toute la puissance du feu dans les directions où les attaques de l'ennemi sont le plus à craindre. Il faut, en outre, créer des points d'appui munis de défenses accessoires et organiser les autres assez solidement pour être certain de les conserver.

115. Les principaux travaux d'attaque se rapportent à l'établissement de la position d'infanterie et des tranchées

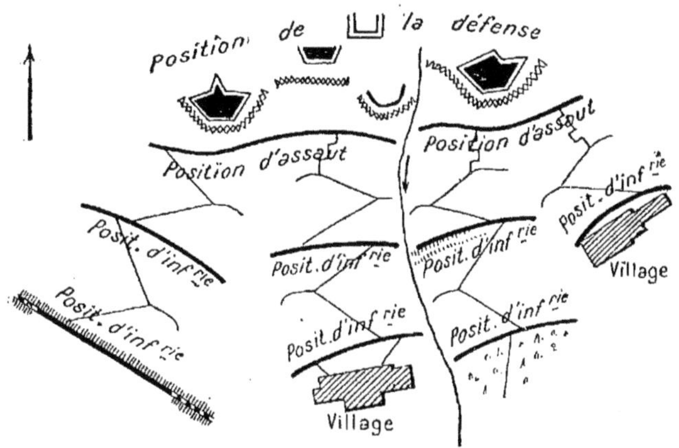

Fig. 62.

de communications (fig. 62) : dans la guerre de forteresse, on les appelle des *travaux de sape*. L'infanterie et le génie doivent pouvoir, même dans les situations critiques, s'appuyer sur ces travaux pour livrer le combat de feu et poursuivre le mouvement en avant jusqu'à l'assaut.

116. Quand la lutte d'artillerie est ouverte, l'infanterie et le génie en profitent immédiatement pour déboucher de la première position d'infanterie qui n'a été indiquée que dans ses grandes lignes. Ils commencent les travaux, renforcent les dispositions défensives et constituent la base des travaux d'attaque.

Dès ce moment, on prépare la dernière position d'infanterie, c'est-à-dire l'assaut. La question de savoir si, pour mener l'attaque à bonne fin, l'on pourra s'avancer d'un seul bond jusqu'à la position d'assaut, ou si, dans l'intervalle, il faudra organiser d'autres positions d'infanterie, dépend des circonstances et du terrain. D'une façon générale, comme chaque nouvelle organisation de position d'infanterie impose un délai à l'attaque, il est indispensable d'établir la première le plus près possible de l'ennemi.

Il n'est évidemment pas nécessaire que la position d'infanterie forme une ligne continue. Il faut simplement que la longueur totale de la ligne de feu soit proportionnée à l'effectif des fractions chargées de la sape. D'ailleurs, les intervalles en devront être défendus soit par le feu d'une position voisine, soit par l'entrée en action de la réserve.

Dans le choix de la position d'infanterie, il est nécessaire de faire entrer en ligne de compte la situation des secteurs voisins et la possibilité de faire intervenir les renforts au moment opportun.

117. Le profil simple applicable à la position d'infanterie est celui de la tranchée renforcée (fig. 4); le renforcement du parapet s'exécute graduellement au mieux des circonstances.

118. Pour que les communications de la position d'infanterie soit à l'intérieur, soit avec l'arrière, puissent s'effectuer en toute sécurité, on établit des tranchées en zigzag adaptées à la situation (voir n° 46). Il convient de donner à chacun de leurs éléments de ligne la plus grande longueur possible sous la réserve que la distance du point à atteindre n'augmente pas d'une façon exagérée.

On prolonge un peu l'extrémité postérieure de chacun des éléments de tranchées de communications en zigzag et on lui fait faire un crochet de manière à masquer la tranchée située en arrière.

On utilise ordinairement ce crochet pour les postes de pansement, latrines et autres aménagements accessoires, et, lorsqu'il en est ainsi, on lui donne une direction parallèle à celle de la position d'infanterie.

119. Lorsqu'on donne la forme en zigzag aux tranchées de communications les plus rapprochées de l'ennemi, on fait des angles aigus aux points de rebroussement du tracé. Ce procédé ralentissant beaucoup le mouvement en avant, il sera préférable de marcher directement sur le point d'attaque : si la sécurité à l'intérieur des tranchées finit par n'être plus suffisante, on fait un détour à droite ou à gauche, puis l'on reprend la première direction; ou bien, tournant alternativement à droite et à gauche et refaisant chaque fois face à l'ennemi, on marche sur lui directement. Les circonstances et le terrain décident auquel de ces deux changements de direction il faut donner la préférence.

120. La position des mitrailleuses est ordinairement organisée à proximité des deux ailes de la position d'infanterie. Dans le cas où l'on place les mitrailleuses sur un flanc, il faut les protéger suffisamment par le feu de l'infanterie contre les attaques par surprise.

121. Il est des cas où l'on pousse de l'artillerie à l'intérieur des sapes soit pour contrebattre l'ennemi de front, soit pour couvrir les travaux d'attaque des autres secteurs, soit pour prendre d'écharpe l'ennemi que l'on attaque de front. Dans ce cas, l'infanterie exécute les travaux de sape nécessaires à l'établissement des voies d'accès de l'artillerie. Le génie contribue à l'organisation de la position d'artillerie, des dépôts de munitions, des masques, etc.

122. Soit pour prendre d'écharpe ou d'enfilade les travaux de sape de l'assaillant, soit pour les détruire, soit encore pour chasser l'assaillant de ses positions, le défenseur aura recours à des travaux d'attaque lui permettant de progresser dans la direction de l'ennemi. Il est aussi des cas où il exécutera des travaux de sape pour compléter les dispositions défensives.

Exécution des sapes.

123. Dans l'exécution des sapes, on utilise, sans en négliger aucun, les accidents du sol de toute nature qui peuvent faciliter tant soit peu le progrès des travaux, par exemple les entonnoirs creusés par les fougasses ou les obus, les travaux abandonnés par l'ennemi, les obstacles naturels du secteur, etc. Il faut ne rien considérer comme superflu, observer sans cesse la situation de l'ennemi et saisir toutes les occasions susceptibles de hâter l'exécution des travaux.

Tout officier commandant des travaux doit, sous sa responsabilité, ne pas laisser échapper une seule de ces occasions.

Il faudra se préoccuper de pouvoir utiliser pour les troupes de garde les travaux de sape des jours précédents.

124. Sur les positions d'infanterie, surtout par les nuits courtes ou dans des situations difficiles, il faudra faire l'impossible pour achever en une seule nuit les tranchées renforcées de tirailleurs. Si l'on ne peut y réussir, il faut terminer dans la première nuit et avant l'aube des tranchées pour tireurs debout à large fossé : dans ce cas, cependant, on jette du côté de l'ennemi les terres du déblai et l'on donne forcément au parapet une grande épaisseur.

Toutes ces tranchées de tirailleurs doivent avoir le profil renforcé exigé par la situation (fig. 5 et fig. 6) : c'est pourquoi il est particulièrement avantageux de donner plus de profondeur et de largeur au fossé.

Si ces travaux renforcés doivent être cachés à l'ennemi, on met la terre du déblai dans des sacs à terre, on l'emploie à d'autres usages ou on la transporte en arrière.

Quand, dans une partie de la sape, la protection n'est pas complète, on en augmente la profondeur. On élargit les parties où la circulation est plus animée. Enfin, si le champ de vue est insuffisant, il y aura lieu de surélever la ligne de feu.

125. La hauteur de protection des tranchées de communications est d'abord de $1^{m},70$ environ; on l'augmentera par la suite à la demande des circonstances. Le fond du fossé a aussi, pour commencer, une largeur de 1 mètre : on l'élargira ensuite jusqu'à lui donner environ $1^{m},50$ (parties accessibles à l'artillerie de campagne ou à l'artillerie lourde de campagne : 2 mètres).

126. Quand il est impossible ou difficile de creuser la terre, on applique les principes de l'article 44 : on élargit les fossés ou l'on constitue des épaulements en sacs à terre.

127. Quand on peut établir simultanément soit une position d'infanterie, soit la totalité ou la plus grande partie de la ligne des tranchées de communications, bien qu'il soit nécessaire de pousser les travaux d'attaque rapidement et sur tous les points à la fois, il ne faudrait pas découvrir à l'ennemi dans le même moment une longue et épaisse chaîne de travailleurs. Il est difficile de réaliser cette condition lorsqu'on se trouve à faible distance d'un défenseur qui possède tous ses moyens d'action. Par conséquent, dans le cas où l'on est à proximité de l'ennemi, on emploie généralement un grand nombre de petits secteurs de travaux que l'on constitue peu à peu en procédant par attaques brusquées et que l'on relie entre eux finalement de manière à former une ligne continue.

Dans tous les cas, si on ne peut éviter, dès les débuts, d'exécuter les travaux de sape à découvert, il faudra les commencer (la plupart du temps la nuit) sans attirer l'attention de l'ennemi.

128. Dans le cas où l'on creuse d'un seul coup une longue ligne de tranchées, on détermine les travaux d'une façon générale, puis on les répartit judicieusement entre les troupes. On divise ensuite celles-ci sans porter atteinte à leur ordre constitutif, en plusieurs unités de chantier (en général une compagnie : unité de chantier). Chaque commandant de chantier est alors responsable du maintien de la discipline et de la manière dont les travaux sont poussés.

Dans un but de direction technique, on affecte généralement à chaque unité de chantier un officier du génie et quelques sous-officiers et soldats de cette arme.

La situation décidera s'il y a lieu ou non de répartir spécialement la réserve de travailleurs et sur quels emplacements l'employer.

Quelques soldats du génie sont également rattachés à la réserve de travailleurs.

129. Le point et l'heure de rassemblement de chaque unité de chantier, le lieu de répartition des outils et du matériel (à utiliser pour la fortification ou les revêtements) et, s'il y a lieu, la tenue, l'heure du départ, le chemin à suivre et le point d'arrêt devront être fixés dans tous les détails.

Au point où les tas d'outils ont été préparés d'avance, on distribue à chaque soldat une pelle-ronde prise dans le tas des outils de terrassier. On donne aussi des pioches à une fraction, et, suivant la nature des terres, on devra ajouter, dans certains cas, des haches, scies, etc.

La troupe affectée à l'exécution des travaux devra nécessairement s'y former la main dans des exercices préparatoires. C'est pourquoi, dans les secteurs d'arrière, il y aura lieu de creuser un élément de sape et d'enseigner à ce propos la manière de distribuer et de porter les outils de terrassier, la manière de porter le fusil, l'entrée en chantier, la mise en place des travailleurs, la manière de creuser les sapes, etc.

Il faut, à cette occasion, faire appliquer strictement toutes les indications données ci-dessous :

Donner à voix basse les ordres, commandements, etc.;

Défendre de causer, de fumer, d'allumer du feu;

A l'entrée en chantier, ne pas faire rompre les colonnes;

Exécuter l'entrée en chantier, la mise en place et le travail dans le plus grand silence et le plus grand calme;

Ne pas précipiter les mouvements et surtout éviter de faire du bruit en entre-choquant les outils, bidons et armes (sabres, fusils, baïonnettes);

Si, pendant l'entrée en chantier ou le travail, on reçoit la lumière des projecteurs, se coucher aussitôt sur le sol, et, tant qu'on est éclairé, ne pas faire le moindre mouvement.

130. La plupart du temps, le commandant d'une unité de travailleurs se portera le plus possible dans le voisinage immédiat du chantier. Il choisira un point d'arrêt difficile à découvrir par l'ennemi et il en fera une place d'alignement, de préparation et d'attente des fractions qui sont sur le point d'entrer en chantier. Il y aura surtout lieu de procéder ainsi quand la distance sera trop grande entre le chantier et le point de rassemblement.

Chaque unité de travailleurs commence en général par se porter dans la direction de la place d'arrêt et entre ensuite dans le chantier.

Si l'on redoute d'être exposé en chemin aux projecteurs et au tir de l'ennemi, il est indispensable, à certains endroits, de marcher en dehors des chemins.

131. Tout officier du génie affecté à un chantier fixe par une reconnaissance préalable la ligne où il faudra creuser (quand cette reconnaissance n'a pas eu lieu, il détermine la ligne à creuser en procédant à la reconnaissance complète et en commençant par là); puis, disposant des jalonneurs aux deux extrémités et aux points de rebroussement, il en opère le tracé. Le nombre des jalonneurs à placer entre les premiers dépend de la nature du terrain et du degré d'obscurité de la nuit. Cependant, il est des circonstances où l'on peut, au lieu de jalonneurs intermédiaires, employer des sacs remplis de terre, etc.

Ces jalonneurs, dès que la mise en place des travailleurs est terminée, se reportent en arrière et rentrent dans leurs unités.

Les jalonneurs doivent savoir parfaitement ce qu'ils ont à faire, ne jamais changer de place s'ils n'en reçoivent l'ordre et bien connaître les emplacements des jalonneurs voisins.

132. La mise en place des travailleurs est bien simplifiée quand, sur la ligne jalonnée, comme il a été dit à l'article précédent, on peut étendre un cordeau blanc indiquant, au moyen d'un morceau d'étoffe blanche, l'atelier réservé à chaque travailleur.

Dans ce but, l'officier du génie désigne comme chef un sous-officier de cette arme et prend le commandement d'un groupe formé de quelques soldats du génie, ces derniers porteurs des outils et du matériel nécessaires au tracé (corde à mèche, enduit phosphorescent, cordeau passé à la peinture blanche, petits piquets, petits maillets, couteaux). On tend le cordeau entre les deux extrémités et les points de rebroussement du tracé. On coupe le cordeau tous les dix (15 mètres) ou douze (18 mètres) ateliers et on le fixe à des piquets que l'on enfonce solidement dans le sol.

Quand le cordeau a été tendu, les jalonneurs intermédiaires peuvent se retirer. Cependant, ceux qui sont postés aux deux extrémités ou aux points de rebroussement restent en place tant que la répartition des travailleurs n'est pas terminée.

133. Les officiers du génie font connaître aux unités de travailleurs auxquelles ils sont affectés les voies d'accès conduisant de la place d'arrêt (place de rassemblement) aux chantiers. Pour cela, on emploie divers moyens d'indication (corde à mèche que l'on a eu soin de rendre invisible à l'ennemi, sacs remplis de terre, piquets enduits de couleur blanche, etc.) ou des jalonneurs. On emploie parfois les uns et les autres. Leur nombre dépend de la nature du terrain et du degré d'obscurité de la nuit.

Ces jalonneurs restent en place même après l'entrée en chantier des travailleurs. Au point du jour, leur présence n'étant plus nécessaire, ils se retirent sur l'ordre qui leur est donné.

134. La température, le terrain et la situation décident si l'on doit procéder d'abord au tracé des travaux ou commencer par le repérage des voies d'accès.

Quand il a terminé le tracé de la ligne des travaux ou le repérage des voies d'accès, l'officier du génie retourne à la place d'arrêt en partant de la ligne la plus avancée et inspecte, chemin faisant, la ligne de tracé, l'emplacement et la longueur des voies d'accès; puis, arrivé auprès du commandant de l'unité de travailleurs, il lui rend compte de l'achèvement du tracé.

135. La situation, le terrain et la distance de l'ennemi décident si, dans le secteur situé en avant du chantier, il y a lieu ou non à la progression des unités de travailleurs, à une mise en place de ces derniers ou à des mesures de protection des travaux contre les tentatives de l'ennemi. En outre, s'il est nécessaire de pousser dans le secteur avancé la ligne de protection, une partie des troupes chargées de la mission de protection y entrera de nuit et y prendra un dispositif de sûreté immédiatement en avant de la position d'infanterie. On détache à une petite distance sur le front une ligne de patrouilles d'embuscade. Enfin, il est bon de disposer la majeure partie des troupes en arrière et à proximité de la position d'infanterie, de manière à pouvoir renforcer les points faciles à menacer, en particulier les deux ailes.

Si l'on est déjà très près de l'ennemi, de simples patrouilles assureront la protection. Il convient de prendre des mesures pour pouvoir les renforcer de derrière et surtout de flanc.

En tout cas, la véritable résistance aux attaques de l'ennemi est celle que l'on offre sur la ligne des positions d'infanterie.

136. Sur la ligne de la sape à ouvrir, on dispose habituellement les travailleurs sur un rang à l'intervalle de deux bras.

Cette mise en place s'obtient par une rupture successive par files en partant de la compagnie déployée, de la ligne de sections à intervalles de déploiement ou de la colonne par le flanc (à deux, trois ou quatre files) : le degré d'obscurité, la nature des terres et la distance de l'ennemi déterminent la formation à adopter. Les travailleurs, sans quitter la baïonnette, déposent en arrière d'eux et à une place convenable les fusils, grenades à main, bidons, musettes (contenant les vivres du sac) et les manteaux, s'ils en sont munis, puis ils se mettent au travail.

En cas d'attaque, les travailleurs aussi prennent part au combat : ils ne doivent donc pas négliger de s'y tenir toujours prêts. Si l'ennemi bat en retraite, ils reprennent le travail sans tarder.

Si la situation l'exige, les travailleurs se conforment, dès les débuts du travail, aux principes de l'article 49 en vue d'obtenir rapidement un parapet de protection. Chacun creuse une tranchée indépendante qu'il devra, par la suite, prolonger à droite et à gauche pour la relier à celle du voisin.

Si l'ennemi, découvrant les travaux de l'attaque, ouvre le feu sur eux, il faudra, suivant les circonstances, ou faire tous ses efforts pour achever les travaux dans le plus bref délai, ou les interrompre au contraire et attendre une meilleure occasion.

Lorsqu'on dispose d'une réserve de travailleurs, il faut la poster en arrière de chaque unité de chantier ou sur la place d'arrêt.

Les troupes de garde sont, avant l'aube, affectées à la garnison des positions d'infanterie qui viennent d'être organisées.

137. La relève des soldats nécessaires au travail d'approfondissement des tranchées s'opère en général avant le point du jour. Celles des travailleurs et des troupes de garde devront avoir lieu à des moments différents.

Si, l'ouverture de la sape étant terminée, on en prévoit l'approfondissement immédiat, les travailleurs chargés de l'ouverture alignent ordinairement leurs outils contre le talus arrière de la tranchée et, dans chaque chantier, se retirent en silence. Si, en ce moment, il fait encore nuit et que l'on ne puisse pas prendre de raccourci, on traversera le secteur où l'on se trouve en se dérobant le plus possible aux vues de l'ennemi ou (s'il en est d'établies) on se servira des tranchées de communications.

138. Les procédés de progression indiqués ci-dessus sont d'une exécution d'autant plus difficile qu'on s'approche davantage de l'ennemi. On en établira un plan détaillé. On poursuivra les travaux graduellement en agissant par attaques brusquées exécutées avec audace; il faudra presser l'ennemi sans répit. Dans ce but, et bien qu'on ne puisse formuler de règle absolue, on utilisera, s'il le faut, la nuit, on profitera de l'inattention de l'ennemi, on l'induira en erreur, on le trompera. On s'avancera secrètement vers la ligne où de petits détachements de travailleurs devront commencer le travail. On fera d'abord à certains endroits des travaux discontinus; puis, les reliant les uns aux autres, on finira par établir la position d'infanterie et les tranchées de communications.

Comme, lorsqu'on arrive à serrer l'ennemi de près, il est difficile de ne pas lui faire entendre le bruit des travaux, dans le but d'assurer dès les débuts aux travailleurs la protection la plus urgente, on commence par transporter sur la ligne du tracé des sacs à terre que l'on dispose en tas çà et là. (Bien que le volume de terre varie d'après les circonstances et la distance de transport, il est nécessaire de faire prendre à chaque homme le maximum qu'il peut transporter.) Les travailleurs les utilisent comme épaulements et procèdent à l'ouverture de la sape.

Le nombre des fractions de travailleurs à employer dans ces conditions, leur subdivision en pelotons et leur effectif, l'indication de la ligne à creuser, l'entrée en chantier, etc., dépendent entièrement des circonstances du moment.

139. Lorsqu'on resserre le contact avec l'ennemi et que l'on se dispose à pousser les travaux d'attaque à l'abri des vues, ou bien lorsqu'il est nécessaire de relier pendant le jour des travaux discontinus, on a recours à la sape volante.

Si l'ennemi peut prendre des vues plongeantes à l'intérieur des sapes volantes que l'on dirige directement sur lui, il y aura lieu de munir ces sapes de toitures-abris.

Quand il y a intérêt à progresser à l'insu de l'ennemi, on se sert de sapes sans parapet, c'est-à-dire de sapes enterrées.

Le génie est chargé de ces travaux. Si les circonstances l'exigent, on lui adjoint des soldats d'infanterie en qualité d'auxiliaires.

Approfondissement des sapes. — Traverses, abris et autres aménagements.

140. L'approfondissement des sapes s'effectue en tenant compte des circonstances et, d'une manière générale, immédiatement après leur exécution et sur toute leur longueur.

L'approfondissement et les autres travaux ne doivent pas retarder les progrès des travaux d'attaque ultérieurs.

Lorsqu'on approfondit les sapes en plein jour, il est avantageux, pour ne pas découvrir les travailleurs, de procéder à ce travail sur une tranchée du modèle de la figure 6. La méthode, telle qu'elle est indiquée sur la figure 63, consiste à creuser d'abord sous le talus intérieur de ladite tranchée renforcée : on crée ainsi une banquette, on rejette les terres sur le parapet tout près de la crête de feu, de manière à former un remblai continu, et l'on obtient la hauteur de visée nécessaire à un tireur debout. On creuse ensuite le talus arrière et l'on rejette toutes les terres en avant, par-dessus le parapet, de manière à augmenter peu à peu l'épaisseur de ce dernier jusqu'à complet achèvement.

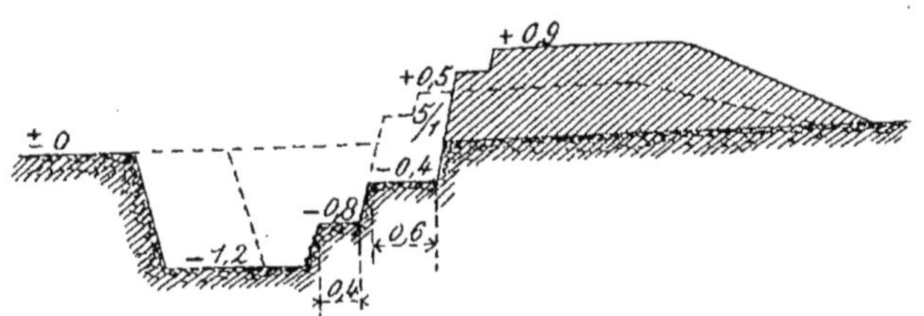

Fig. 63.

141. Les traverses et abris sont établis, suivant les circonstances, en même temps que l'on approfondit les sapes ou postérieurement.

Pour les abris, on se conforme aux principes indiqués dans les articles 53 à 59. On devra cependant donner plus de solidité à ceux dont la construction est simple et les protéger contre la pluie et le vent.

Les figures 64 et 65 donnent des exemples d'abris de 4 hommes établis tout près des traverses à l'intérieur de la tranchée de la figure 6.

142. Les divers aménagements tels que créneaux, dépôts de munitions et de grenades à main, postes de correspondance, postes de pansement, gradins de franchissement, latrines et rigoles d'écoulement, etc. sont exécutés en même temps que l'on approfondit les sapes ou à la demande des circonstances. S'il y a lieu, on prend les précautions nécessaires contre les incendies.

Fig. 64. N° 1.

Fig. 64. N° 3.

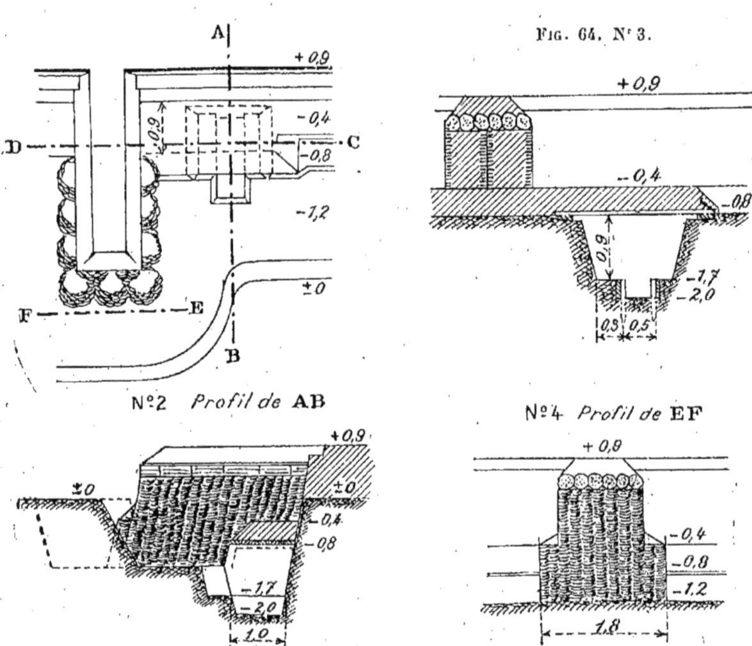

Lorsqu'on établit des créneaux dans une position à proximité de l'ennemi, il y a avantage à se servir de boîtes à créneaux. A cet effet, on prépare d'avance des boîtes à créneaux, et, creusant sous la crête de feu, quand la situation le permet, on les insère dans le parapet. On peut aussi les disposer sur la crête de feu et en recouvrir la partie supérieure de sacs à terre ou autres accessoires.

La figure 66 est un exemple de boîte à créneau solide

où une plaque de fer protège la face extérieure du cré-

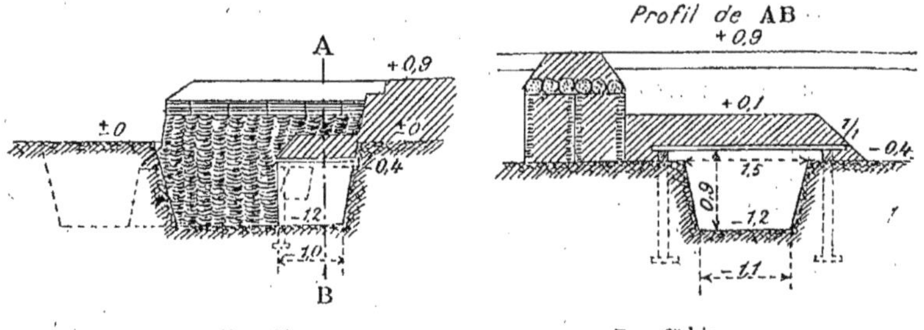

Fig. 65. Fig. 65 *bis*.

neau. On enduit la plaque de fer d'une couleur analogue à celle du parapet, ou on la recouvre d'un morceau d'étoffe de même couleur.

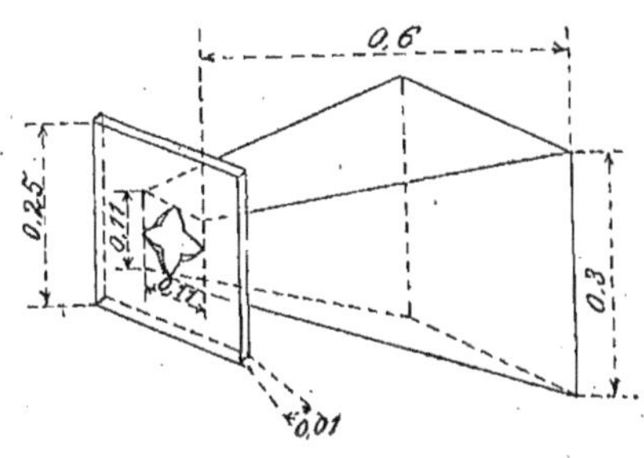

Fig. 66.

143. La position d'assaut, aussi rapprochée que possible de l'ennemi, enveloppe l'objectif d'assaut et doit d'ailleurs être parallèle à la ligne que l'on doit attaquer. Il est aussi indispensable que cette position et celle des secteurs voisins puissent se soutenir réciproquement.

Sur cette position, on complète les mesures propres à garantir du tir d'écharpe de l'ennemi. Suivant les circonstances, on augmente la largeur du fossé, on crée des gradins de franchissement ou des passerelles, et l'on prépare des emplacements où l'on puisse installer les troupes d'assaut (exception faite de la réserve), ainsi que les outils et le matériel d'assaut.

Si la position ne pouvait contenir l'effectif total des troupes d'assaut, on y suppléerait en créant un retour de flanc.

144. On n'oubliera pas que tout aménagement intérieur des sapes qui se laisse voir d'une façon particulière a pour effet de s'imposer à l'attention de l'ennemi et d'être exposé au feu de son artillerie : il sera donc nécessaire d'éviter dans leur aspect extérieur tout ce qui peut attirer les yeux.

Sape volante.

145. La sape volante est celle qui progresse pas à pas à l'abri des vues. Suivant que l'on construit l'épaulement d'un seul côté ou des deux côtés, on distingue la sape volante simple ou la sape volante double.

146. Le procédé qui consiste à progresser en sape volante demande énormément de temps. Son emploi est donc limité aux circonstances où il est impossible de travailler si l'on n'est pas à l'abri des vues.

L'officier qui est de service en tête de sape volante doit, sous sa responsabilité, profiter immédiatement des occasions qui lui permettent, en travaillant à découvert, d'achever plus rapidement, ne fût-ce qu'une partie de sa tâche.

147. La sape volante comprend la tête et la fouille. La figure 67 donne les mesures de chacune de ces parties dans les conditions habituelles. Pour assurer la protection à l'intérieur de la tranchée, il est bon, dans la mesure où la nature des terres le permet, de rendre le talus d'avant aussi raide que possible. On détermine la hauteur de l'épaulement ou la profondeur de la tranchée d'après les nécessités de la protection à assurer. Pour accélérer la progression, on réduit le plus possible la largeur de la tête. Pour des raisons analogues, et en tenant compte des circonstances, on peut, à la place de l'épaulement

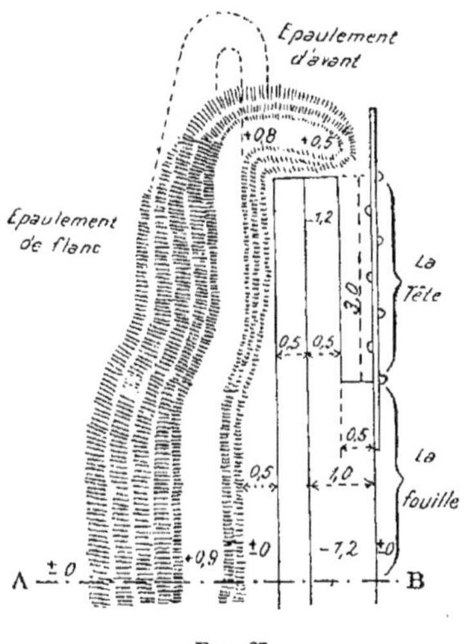

Fig. 67.

d'avant, projeter en saillie l'épaulement de flanc, comme il est indiqué en pointillé sur la figure 67.

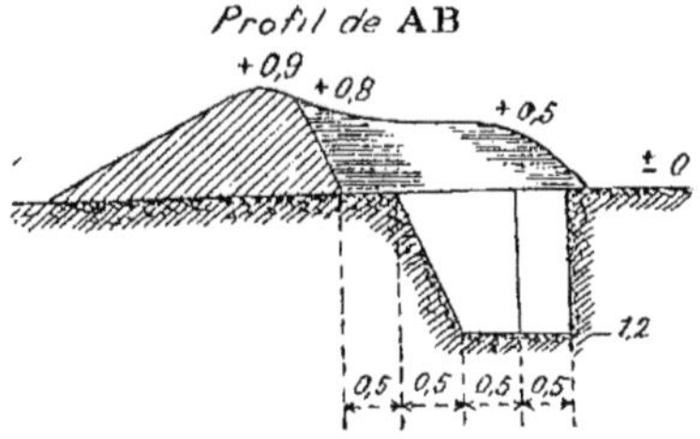

Fig. 67 *bis*.

148. L'effectif nécessaire à l'exécution de la sape volante simple est de : un sous-officier et huit hommes, soit quatre hommes pour le travail, quatre hommes pour la relève.

Les outils nécessaires sont : pour les travailleurs de tête, une pioche à manche court, une pelle ronde à manche court, un râteau, une binette à manche long, une réglette de $1^m,20$ de long (pour mesurer la profondeur ou la largeur de la tête de sape à sa partie supérieure, tenir le tracé à 1 mètre

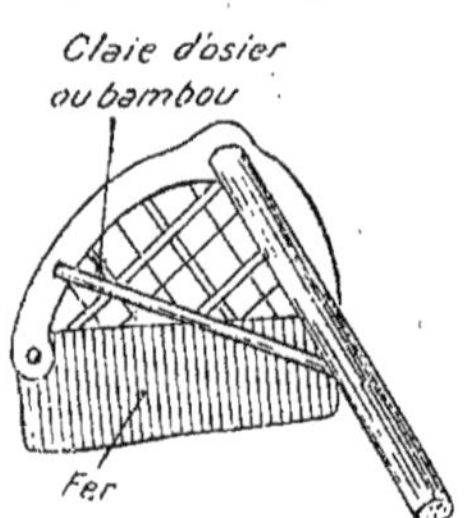

de l'une des extrémités de la réglette), une réglette de $0^m,50$ de long (pour mesurer la largeur du fond du fossé de la tête); pour les autres travailleurs : deux pelles rondes, une pioche, une binette à manche court, une réglette de $1^m,50$ de long (pour mesurer la largeur au sommet et la profondeur, tenir le tracé à $1^m,20$ de l'une des extrémités de la réglette), une règle de 5 mètres de long, de petits piquets. Si la nature des terres le demande, on dispose des pics à tête, pics, haches, hachettes, etc.

149. Au moment d'ouvrir la sape, on place deux travailleurs en tête, deux sur la partie à approfondir (la fouille).

Pour ouvrir la sape, on commence par placer la règle de 5 mètres le long de la direction de la tranchée et sur la crête du talus arrière de la fouille, et l'on repère son emplacement avec des piquets. Il faut avoir soin de placer en arrière l'extrémité de la règle pourvue de deux encoches en dent de scie. On fait coïncider avec la tête de la fouille l'encoche qui est à 1 mètre de l'extrémité, et l'on trace, suivant ce bout de règle de 1 mètre de long, la crête du talus arrière. Le travailleur qui se trouve en tête du premier groupe creuse à genou avec la pioche à manche court une petite rigole de $0^m,20$ à $0^m,30$ de profondeur dans la moitié inférieure et sur les deux flancs de la tête de sape; il déblaie la terre de cet intervalle, et, à l'aide du râteau, la rejette en arrière, entre ses pieds; puis, par le même procédé, il creuse la moitié supérieure. Un autre travailleur, jetant la terre du déblai en avant et sur le flanc, établit l'épaulement. Les deux hommes chargés d'approfondir la sape se mettent au travail derrière les travailleurs de tête et terminent l'épaulement de flanc en créant une berme entre ce dernier et le bord du fossé.

Il est nécessaire de constituer une réserve de binettes, règles et réglettes, qui se brisent facilement pendant le travail.

La relève se fait sur l'ordre du chef de groupe chaque fois que l'on a avancé d'un mètre, et il est bon, lorsque l'on a creusé la moitié de la tâche, de faire changer entre eux les travailleurs. En général, au moment de la relève, on pousse à un mètre en avant la règle de 5 mètres.

Les chefs de groupe sont responsables de la rapidité avec laquelle les travaux gagnent du terrain. Ils doivent assurer la direction et les dimensions du fossé et donner au parapet une masse uniforme. Ordinairement, la sape volante simple peut s'avancer d'un mètre par heure.

150. La sape volante double (fig. 68) est formée de deux sapes simples poussées de front à droite et à gauche.

Comme il a été expliqué à l'article 148, l'exécution en est confiée à deux groupes jumelés de travailleurs, de huit hommes chacun, sous le commandement d'un seul sous-officier.

Ce double groupe prépare les mêmes outils que pour la sape simple (à l'exception de la règle de 5 mètres) et exécute de concert la tête et les tranchées des sapes en les faisant marcher de pair à droite et à gauche. Il donne la direction de la sape au moyen de piquets plantés verticalement au milieu du fossé. On contrôle le travail de chaque groupe en se servant également de piquets plantés

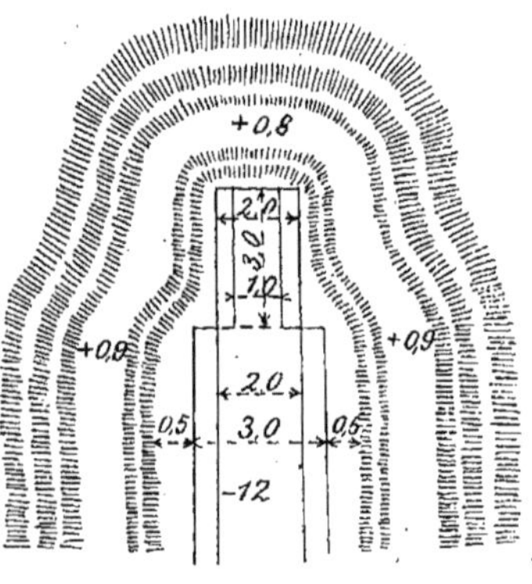

Fig. 68.

droit sur la ligne du tracé et de réglettes d'un mètre de long.

151. Pour pousser directement en avant les tranchées de communications, on emploie d'ordinaire la sape volante double. L'exécution en est conforme aux figures 69 et 70. De plus, dans le but d'accélérer la progression de l'attaque, les tranchées transversales qui ne sont exposées au tir de l'ennemi que d'un seul côté sont ouvertes d'abord en sape volante simple; on les approfondit par la suite.

Dans le cas où l'on peut se dispenser d'abriter les travailleurs, il est bon, pour hâter le mouvement en avant, de disposer ces derniers sur deux rangs dans les tranchées creusées dans le sens longitudinal, sur un rang dans les tranchées transversales. La figure 71 donne les principes de la mise en place pour un seul groupe de travailleurs en sape volante double. On laisse, dans ce cas, tels quels les épaulements correspondant à la sortie de la sape déjà ouverte, et on ne les évacue qu'après avoir établi les épaulements des nouvelles tranchées.

152. Lorsque, dans les tranchées de communications poussées directement sur l'ennemi, on fait alternativement

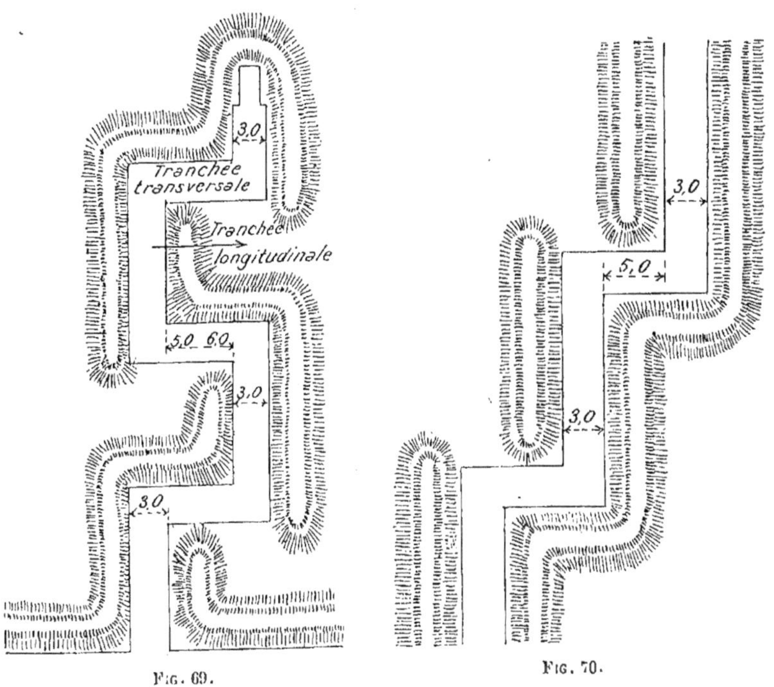

Fig. 69.

Fig. 70.

des crochets à droite et à gauche, pour rendre plus rapide le mouvement en avant, on se conforme à ce qui est indiqué sur la figure 72. Quand les travaux de sape double ont atteint l'origine A de la masse couvrante de tête, la moitié des travailleurs s'avance directement, comme il a été déjà expliqué, en employant la sape simple, jusqu'au point E. On occupe les autres travailleurs à recouvrir d'un toit-abri la longueur AB. A partir du point E, on s'avance de nouveau en sape double. Pour achever le boyau de communication tout autour de la masse couvrante, on peut, soit ouvrir la partie A sans se régler sur les travailleurs qui avancent directement, soit exécuter

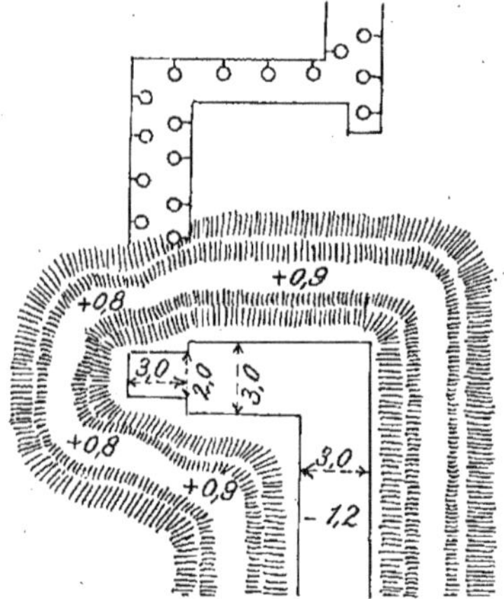

Fig. 71.

AC avec la sape simple et ouvrir la partie E. D'autre

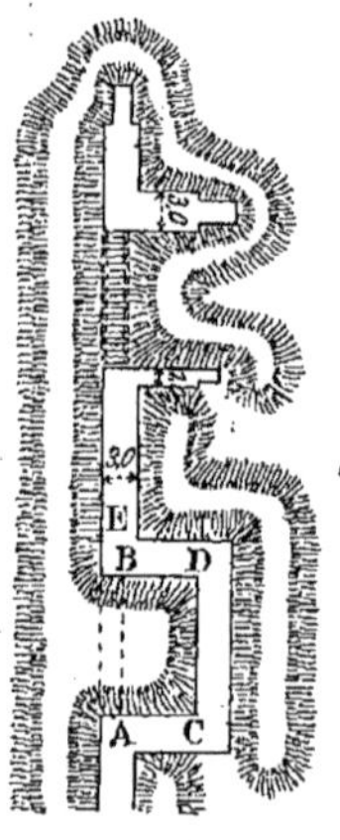

Fig. 72.

part, on exécute BD et DC en employant la sape double, et on relie entre eux ces divers travaux.

153. Pour exécuter la toiture-abri en sape volante double, on commence par placer face à face, en divers points et des deux côtés de la tranchée, le cadre indiqué à la

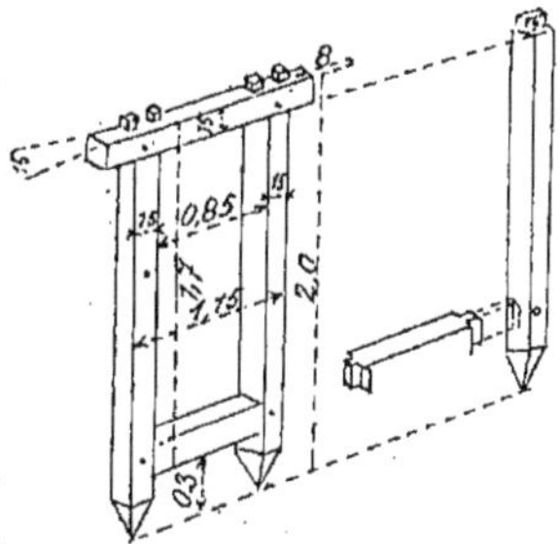

Fig. 73.

figure 73. On pose par-dessus des traverses, et sur ces dernières, des planches; par-dessus les planches, des fas-

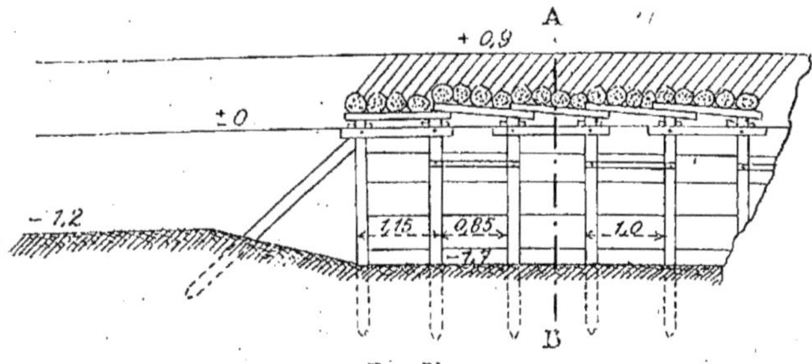

Fig. 74.

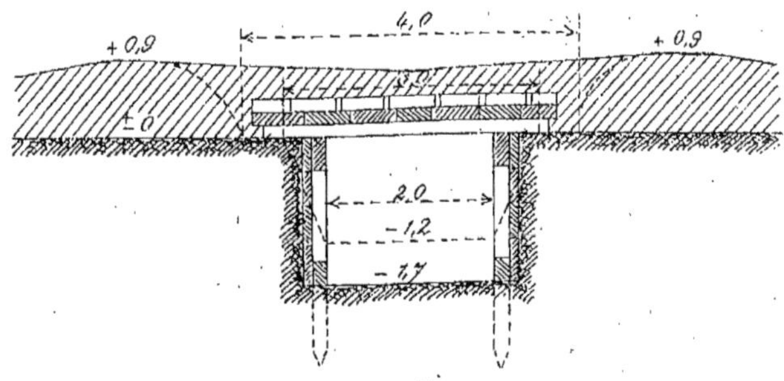

Fig. 74 *bis*.

cines ou des rondins; puis on recouvre de terre jusqu'à ce que l'on ait atteint la hauteur de l'épaulement (fig. 74).

154. Pour exécuter les travaux ci-dessus, on emploie un sous-officier, huit soldats et quelques auxiliaires que l'on divise comme suit en trois groupes :

1er groupe. — Quatre hommes chargés de placer les cadres, les traverses, les planches de dessus, les montants, fascines, etc. On leur fournit deux fourches de sape, un marteau, une scie, un fil à plomb, quelques clous.

2e groupe. — Quatre hommes chargés de creuser les petites rigoles sur les deux flancs, de donner à ceux-ci leur inclinaison, d'approfondir la tranchée en rejetant sur la toiture-abri les terres du déblai. On leur fournit quatre pioches et quatre pelles rondes.

3e groupe. — Quelques auxiliaires chargés de transporter les matériaux nécessaires à deux intervalles de sape, soit : deux cadres, deux traverses, deux pièces pour relier les traverses et des planches de dessus, des montants, des fascines, etc.

155. Pour établir rapidement la toiture-abri, on dispose sur la berme des soliveaux ou des poutres équarries; par-dessus, des sablières ou des rails de chemins de fer, et, perpendiculairement à ces derniers, un lit de fascines ou de planches (fig. 75).

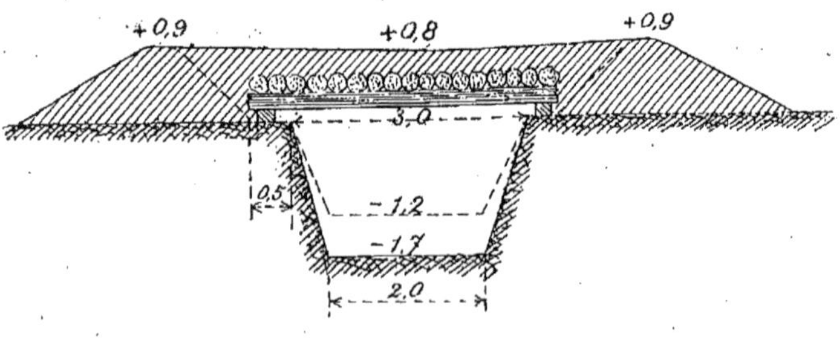

Fig. 75.

La toiture-abri ainsi établie a une faible longueur.

Quand on pourra le faire sans gêner les communications, on l'étayera en son milieu.

Sape enterrée.

156. La sape enterrée supprime le parapet de flanc et le parapet de tête de la sape volante simple. Elle est creusée à une profondeur telle que le terrain naturel puisse protéger l'intérieur de la tranchée. On tient ses deux talus de flanc à une pente aussi raide que possible (fig. 76).

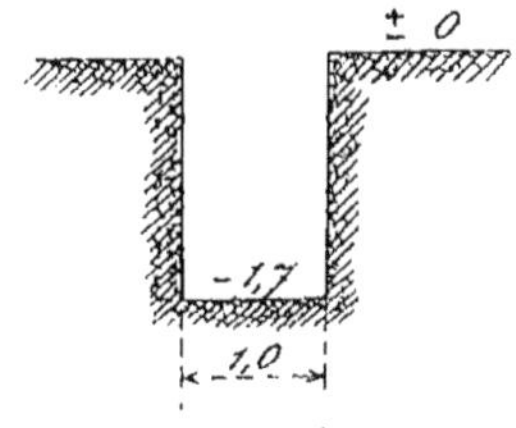

Fig. 76.

157. L'exécution de cette sape est confiée à deux équipes de travailleurs et d'auxiliaires, commandées par un sous-officier.

L'équipe de travailleurs comprend 8 hommes dont 4 pour le travail et 4 pour la relève. L'équipe d'auxiliaires comprend l'effectif suffisant pour transporter la terre.

L'équipe de travailleurs est munie des outils nécessaires : pour les travailleurs de la tête de sape, deux pioches, deux râteaux, une réglette de 1m,70 (pour mesurer la profondeur), une mesure de 1 mètre (pour mesurer la largeur du fossé et la quantité dont le travail doit progresser); pour les auxiliaires, d'après le mode de transport adopté, brouettes, paniers, caisses, sacs à terre, *mokkos*, etc.

158. Pour approfondir cette sape, deux hommes pris parmi les travailleurs de tête et porteurs chacun d'une pioche et d'une râtissoire s'alignent face à la tête de sape;

d'après les mêmes principes que les travailleurs de tête de la sape volante double, on progresse en creusant peu à peu de la partie inférieure vers la partie supérieure et, à l'aide de la râtissoire, on rejette en arrière les terres déblayées. Les deux autres hommes, se tenant derrière les premiers, ramassent les terres et en chargent les brouettes ou autres moyens de transport.

On assure la direction de la sape ou l'on en contrôle le degré d'avancement comme pour la sape volante double.

Si l'on ne transporte les terres qu'à une faible distance, on aligne les auxiliaires, qui utilisent les divers moyens de transport ou se servent de la pelle ronde pour rejeter les terres en arrière. Quand on emploie les brouettes ou les mokkos, le nombre des auxiliaires peut être réduit.

Lorsque les terres sont encombrées par la végétation ou qu'il faut maintenir des pentes dans des parties peu solides du terrain, on se sert de planches ou de rondins pour étayer une partie des talus, et l'on empêche ainsi les éboulements (fig. 77).

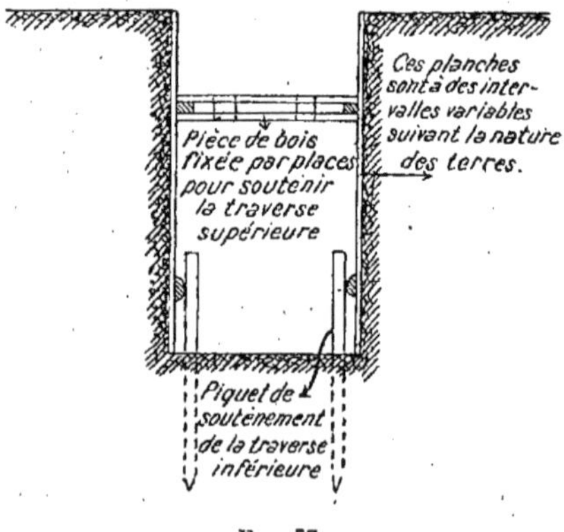

Fig. 77.

159. La sape enterrée progressant, on établit à la partie arrière un parapet qui donne toute sécurité à la tête des travaux, et l'on creuse son flanc ou ses deux flancs pour y faire des aménagements en vue du tir ou y créer un épaulement. Il est aussi des cas, où, pour sortir des tranchées avec toute la rapidité désirable, on pratiquera çà et là des gradins sur le talus arrière.

160. Parfois, quand le sol est dur ou gelé, on peut

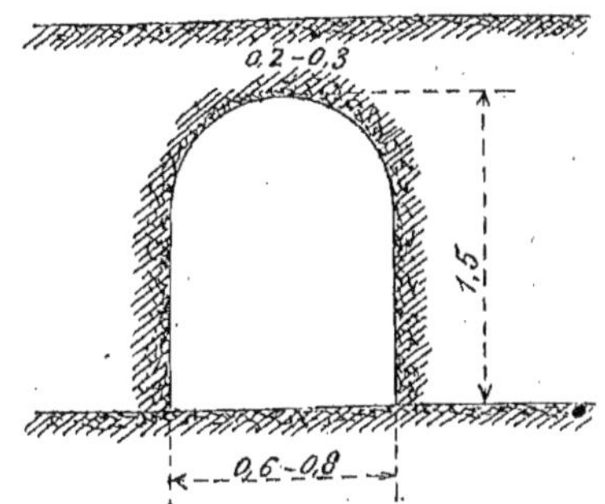

Fig. 78.

s'avancer en ouvrant une sape souterraine (fig. 78). Dans ce cas, on creuse en forme de cintre la terre qui doit recouvrir la sape. L'épaisseur au sommet sera de $0^m,20$ à $0^m, 30$.

La fouille avance ainsi peu à peu, et s'il est nécessaire d'aérer, on profite de la nuit pour pratiquer au sommet de la voûte des orifices de $0^m,10$ de diamètre; on en crée tous les 5 mètres.

Pour l'effectif nécessaire à l'exécution de cette sorte de sape et pour les procédés de travail, se conformer au n° 158.

ANNEXES.

1. — Outils de route (ou de première ligne) des corps de troupe.

OUTILS.	UNITÉ d'infanterie. (1)		UNITÉ de cavalerie.		UNITÉ d'artillerie de campagne.		Unité d'artillerie lourde de campagne.	UNITÉ du génie.		ÉQUIPAGE de pont.	
	Portés par les hommes.	Sur chevaux de bât.	A.	B.	Artillerie de campagne.	Artillerie de montagne.		Portatifs.	Sur chevaux de bât.	Portatifs.	Sur voitures.
Outils de terrassiers.											
Pelles rondes	»	48	»	»	36	36		(3) 100	84	26	40
Pics	»	»	»	»	»	»		»	18	»	»
Bêches	»	»	»	»	6	6		»	6	»	»
Pelles-bêches	272	»	»	»	»	»		»	»	»	»
Pioches	»	16	»	»	18	18		50	30	14	20
Petites pioches	68	»	»	»	»	»		»	»	»	»
Outils de bûcherons.											
Haches	»	8	»	»	6	6		22	12	6	8
Hachettes (2)	32	»	16	12	»	6		12	»	4	»
Cognées	»	»	»	»	6	6		6	18	»	10
Scies	»	»	»	»	6	6		6	42	8	40
Scies pliantes	20	»	16	12	»	»		9	6	4	»
Doloires	»	»	»	»	»	»		»	6	»	4

REMARQUES.

(1) *Note du traducteur.* — Le Règlement emploie à dessein les termes vagues de : *Unité d'infanterie*, etc. La composition des outils est en principe gardée secrète. Il est bien évident qu'en ce qui concerne l'infanterie, le chiffre 272 pelles-bêches ne peut s'appliquer qu'au bataillon.

(2) Pour toutes unités autres que celles d'infanterie, lire : *Haches* au lieu de *Hachettes*.

(3) Les chiffres qui suivent sont extraits de la liste détaillée de l'armement.

2. — Epaisseur de la masse couvrante.

1. — Pour résister aux balles de fusil.

Sable.	0m,75.
Sable renfermé dans des sacs à terre.	0m,40.
Terre ordinaire.	1m.
Gazon empilé. Boue.	2m.
Neige foulée aux pieds.	2m,50.
Bois.	De 0m,60 (ormeau) à 1m (pin).
Plaques d'acier.	De 0m,01 à 0m,02.
Murs.	0m,50.

2. — Pour résister aux shrapnels de l'artillerie de campagne.

(1) *Balles de shrapnels et éclats.*

Terre ordinaire.	0m,40 à 1m.
Bois des toitures. Abris.	0m,02 à 0m,07.
Murs.	0m,25.

(2) *Projectiles entiers.*

Terre ordinaire.	1m à 2m.
Murs.	1m.
Neige.	8m environ.

3. — Pour résister aux obus de campagne.

(1) *Balles et éclats.*

Terre ordinaire.	1m.
Bois des toitures. Abris.	0m,16.
Murs.	0m,25.

(2) *Projectiles entiers.*

Terre ordinaire.	3m à 4m.
Murs.	2m (tir de plein fouet).
Murs.	0m,90 (tir plongeant).
Béton.	0m,70 (—).

3. — Revêtements.

1. Pour donner une pente raide à un talus naturel, il faut d'ordinaire y mettre un revêtement. De même, lorsqu'un déblai est exposé à une circulation fréquente ou que l'utilisation en doit durer longtemps, il est nécessaire d'en revêtir la pente.

Les revêtements s'effectuent en même temps que le remblai. D'autre part, pour leur permettre de résister à la poussée des terres, il faudra, suivant les nécessités, les soutenir ou les étayer.

2. Pour faire des *revêtements en gazon*, on coupe des carrés de gazon de $0^m,30$ de côté sur $0^m,10$ d'épaisseur, on les place l'herbe en dessous et on les empile de telle sorte que chaque couche ait ses joints croisés sur ceux de la précédente. On bourre avec de la terre le côté intérieur du revêtement, et l'on dispose la couche supérieure, le gazon en dessus.

Si l'on place çà et là un long gazon et qu'on l'introduise profondément dans les terres du remblai, on augmente la solidité du revêtement.

Quand on emploie les gazons comme revêtements de parapets élevés, on perce chacun d'eux au moyen d'une broche qui traverse deux couches, de telle sorte que chaque couche soit solidement maintenue par en haut et par en bas.

3. Pour exécuter les *revêtements en sacs à terre*, on applique les sacs contre le talus, soit alternativement par leur côté long et leur côté court, soit seulement par leur côté court, et on les empile en croisant les joints.

Quand on fait un revêtement élevé avec des sacs à terre, on emploie les mêmes procédés que pour les revêtements en gazon.

Pour que les sacs à terre soient d'un emploi commode,

on prend des sacs de toile de $0^m,33$ de large sur $0^m,65$ de long. Si on les bourre de terre, leur longueur tombe à $0^m,50$ et leur largeur à $0^m,22$. Quand on les dispose horizontalement, leur largeur tombe à $0^m,25$, et leur épaisseur à $0^m,15$. Leur capacité, quand ils sont bien bourrés, est de $0^{mc},017$; leur poids, de 20 kilogrammes.

Pour mettre les sacs à terre à même de résister à un emploi de longue durée, il est bon de les tremper dans une solution de sulfate de cuivre.

4. Les *revêtements en planche* consistent en planches appliquées sur le côté intérieur d'une ligne de piquets; c'est, de tous les revêtements, le plus pratique. Il s'emploie surtout pour revêtir des gradins.

Pour l'établir, on dispose des piquets contre la pente du talus et on les plante au pied de ce dernier, puis on place les planches face du remblai et l'on bourre avec de la terre l'insterstice qui les en sépare. L'intervalle entre les piquets dépend des planches et de la solidité des piquets.

Quand le revêtement est élevé et que les piquets ne sont pas assez forts pour résister à la pression des terres, ou bien s'il n'est pas possible de les enfoncer profondément, il faut soutenir le revêtement, c'est-à-dire que, lorsque le revêtement aura atteint les deux tiers environ de la hauteur du parapet, on y applique un ou deux piquets autour desquels on enroule du fil de fer, de la corde, un câble, etc., dont l'autre bout est fixé à des rondins ou fascines disposés en travers à l'intérieur du parapet ou à des piquets de soutènement enfoncés sous le remblai (fig. 1).

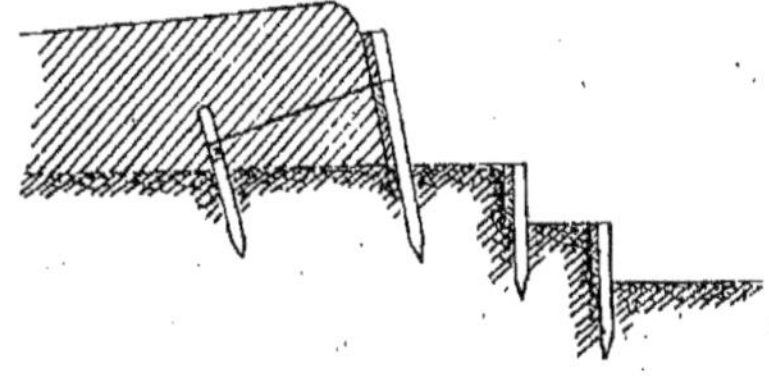

Fig. 1.

Si l'on emploie des lianes ou des brindilles pour servir de liens de soutènement, on commence par les tordre pour les briser, puis on les enroule autour de deux piquets séparés par un intervalle d'un mètre et enfoncés dans le sol,

Fig. 2.

et on les entrelace (fig. 2). On les tend solidement entre le piquet de revêtement à un bout et le piquet de soutènement à l'autre bout.

Si le revêtement exige encore plus de solidité, il convient de relier tous les piquets à leur partie supérieure par une

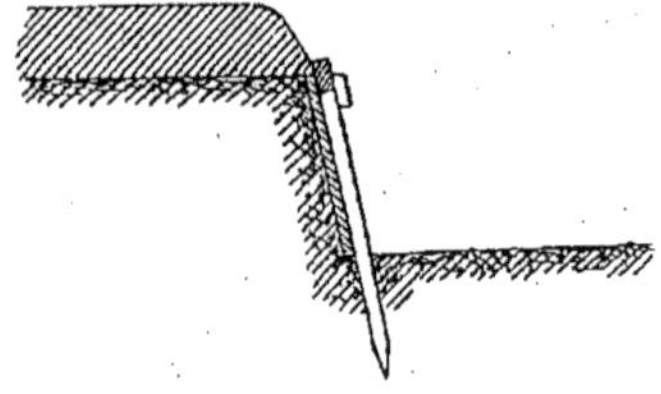

Fig. 3.

traverse (fig. 3). Quand on aménage de la sorte les revêtements intérieurs d'un abri, il y a lieu de réunir ces derniers et d'assurer de bons points d'appui aux poutrelles de jonction.

5. Pour les *revêtements en branchages*, on enfonce des piquets à distance convenable au pied des talus, comme pour les revêtements en planches, et l'on empile des branchages sur leur côté intérieur, de manière à empêcher le passage des terres au travers.

Les piquets de soutènement que l'on emploie dans ce cas sont reliés par un bout à des planches à œillets ou à des rondins fixés à la partie supérieure des piquets de revêlement. Il y aura lieu de procéder ainsi tous les $1^m,50$ à 2 mètres et sur toute la longueur du revêtement (fig. 4).

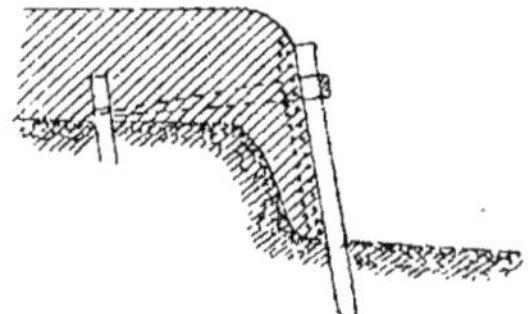

Fig. 4.

Si l'on dispose de branchages convenables munis de crochets naturels, on peut les substituer aux liens de soutènement (fig. 5).

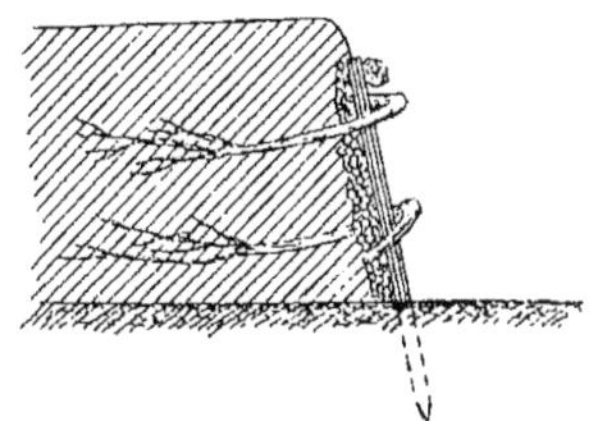

Fig. 5.

6. Pour faire des claies continues, on commence par planter des piquets au pied du talus et à des intervalles de $0^m,30$ à $0^m,50$ et par les relier provisoirement en fixant à leur partie supérieure des planches à œillets. Cela fait, on dirige le clayonnage, en faisant passer alternativement les rameaux en avant et en arrière des piquets et en les pressant de haut en bas. Il n'y a pas de différence entre le soutènement des claies et celui des revêtements en planches.

7. Le revêtement en fascines est indiqué dans le cas de gradins. Les figures 6 et 7 donnent des exemples de revêtements en fascines appliqués à des gradins de franchissement; la figure 8, au talus d'un remblai élevé.

8. Le revêtement en *claies* juxtapose des claies bout à bout et les dresse contre le talus. On enfonce au pied du

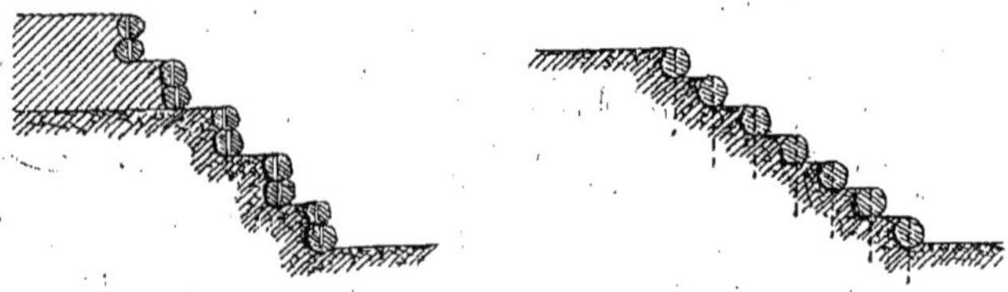

Fig. 6. Fig. 7.

talus les bouts pointus de leurs piquets. On munit les

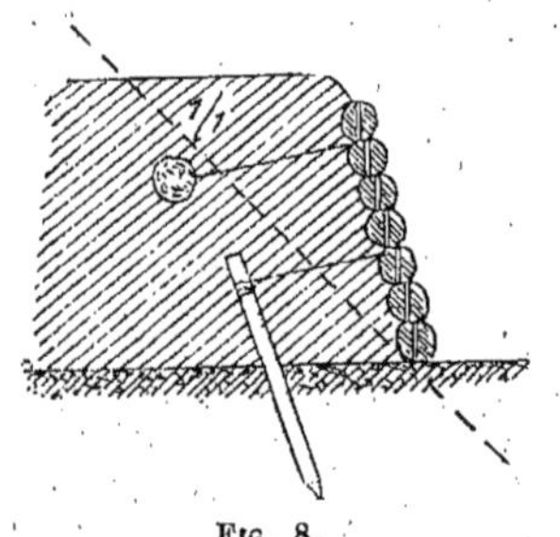

Fig. 8.

claies de piquets de soutènement, ou bien on les fixe au moyen de longs piquets crochus (fig. 9).

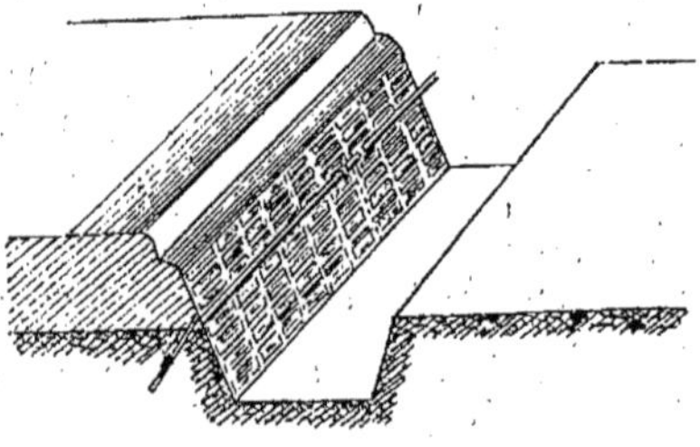

Fig. 9.

Ce revêtement s'emploie pour les parties en déblai, telles que les talus intérieurs des parapets.

9. Pour revêtir les talus avec des *gabions*, on adapte ceux-ci à la pente du talus et on les dispose en les gauchissant. On les bourre de terre, et s'il est nécessaire, on plante un piquet à l'intérieur, ou bien on les fixe par des liens quelconques à des piquets ou à des traverses noyées dans les terres du remblai.

10. On peut encore en se conformant aux principes indiqués ci-dessus, employer comme revêtements, des mottes de terre dures, des pierres, des briques, des sacs à sable, tonneaux, caisses, battants de porte, pièces de bois équarries, rondins, et matériaux de toutes espèces.

4. — Travaux de fascinage.

1. On fait une *fascine* en réunissant des rameaux (jeunes arbustes, branches d'arbres), des bambous, etc., et en les reliant de manière à en former une sorte de colonne. Il faut se préoccuper d'en rendre l'emploi commode : en conséquence, on ne leur donnera pas plus de 4 mètres de longueur et de $0^m,25$ de grosseur.

2. Pour faire une *claie*, on plante des piquets (arbres ou bambous) de $0^m,05$ de grosseur et dont la longueur dépasse de $0^m,20$ environ la hauteur du clayonnage. On en forme

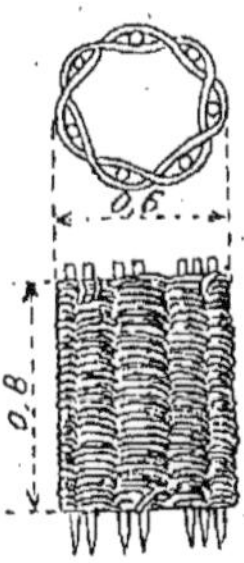

Fig. 11.

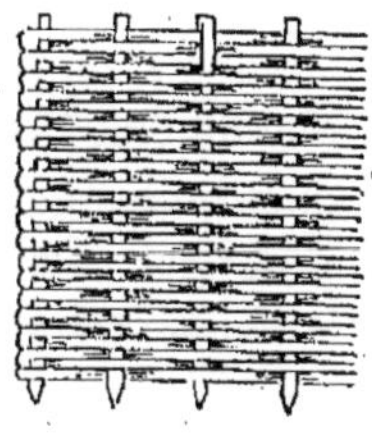

Fig. 10.

une sorte de natte en y entrelaçant des rameaux, des bouts de bambous ou des bambous minces, et dans le but d'en rendre l'utilisation facile, on lui donne des dimensions qui n'excèdent pas 2 mètres dans la largeur et 1 mètre dans la hauteur (fig. 10).

3. Le *gabion* se fait d'après les mêmes principes que la claie. On lui donne la forme d'un tuyau. Ordinairement, il a $0^m,60$ de diamètre extérieur et $0^m,80$ de hauteur de clayonnage.

4. Pour lier les fascines ou fixer aux piquets les gaules des clayonnages, on peut employer du fil de fer de $0^m,002$ à $0^m,003$ de diamètre, On peut aussi lui substituer des lianes ou des gaulettes flexibles, ou encore de jeunes bambous, des morceaux de bambou, des câbles, des cordes, etc.

Comme les gaulettes ou les lianes manquent de l'élasticité nécessaire pour qu'on puisse bien les tordre ou les courber, on les fixe à leur extrémité supérieure, soit en y posant le pied dessus, soit en les maintenant pincées entre deux piquets; puis on les tord, on les assouplit graduellement en commençant par cette extrémité, et enfin on les appointe à leur partie inférieure.

5. Les gaulettes utilisées pour les fascinages sont des gaulettes à branches droites, dont la grosseur au pied est de $0^m,04$ au plus. Celles que l'on utilise pour les claies et les gabions sont droites, longues, minces, sans brindilles, ayant à la partie inférieure $0^m,02$ de grosseur au plus. Pour les piquets, on peut prendre des gaules ou des bambous droits de $0^m,05$ de grosseur.

Les lianes ou les gaulettes utilisées comme liens, doivent avoir une longueur de 2 mètres et une grosseur de $0^m,01$ à $0^m,02$ à leur extrémité inférieure. On choisira celles qui se laissent facilement tordre ou courber.

6. Lorsqu'on coupe les branchages nécessaires aux travaux de fascinage, une équipe munie de scies, haches, etc., coupe ceux qui répondent aux conditions fixées. Une équipe de triage les range par catégories suivant l'usage auquel ils sont destinés et en forme des fagots dont la grosseur est laissée à sa discrétion. Une équipe de transport les porte aux ateliers de fascinage.

7. Une équipe de cinq ou six hommes fabrique les fascines sur des *chevalets de fascinage* analogues à ceux de la

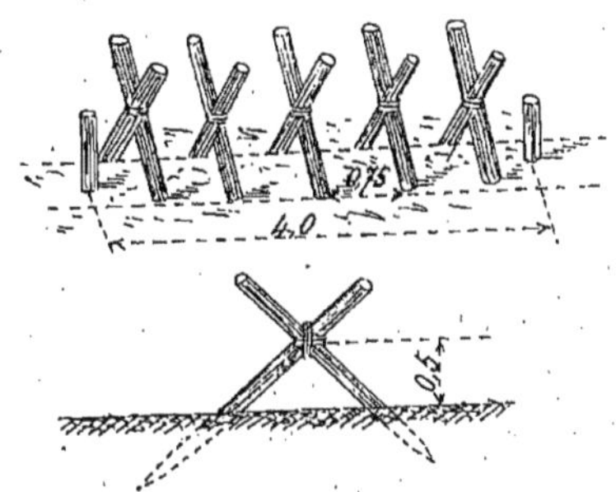

Fig. 12.

figure 12. Les outils nécessaires sont des hachettes, des scies, du fil de fer, des ciseaux, des cordes de serrage et des cales de bois. Pour faire un chevalet de fascinage, il faut encore un gros maillet. (Les liens peuvent être faits rapidement avec du fil de fer, des lianes, etc. Leur longueur doit être d'environ quatre fois et demie le diamètre

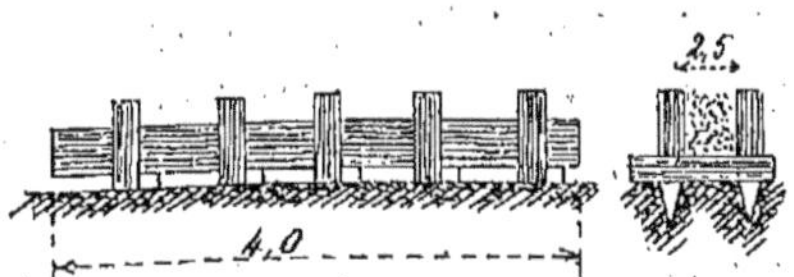

Fig. 13.

de la fascine). On peut aussi faire rapidement un chevalet de fascinage, comme il est indiqué à la figure 13.

Pour faire une fascine, on place les gaules, bout inférieur contre bout supérieur, les plus longues et les plus minces entourant les autres, les courbes bien enveloppées à l'intérieur de la fascine, les brindilles coupées au ciseau et mises également à l'intérieur. Lorsque la fascine atteint la grosseur voulue, on l'attache avec la corde, et on lie le tout solidement en se servant du matériel destiné à cet usage.

Les liens sont faits à des intervalles de 0m,30 à 0m, 50. Quand on emploie du fil de fer, on en coupe d'avance des morceaux dont la longueur dépasse de 0m,10 environ la circonférence de la fascine (si le fil de fer est mince, il faudra lui faire faire deux tours). On l'enroule autour de la fascine, puis l'on en tord les deux bouts pour les réunir et l'on peut ensuite les enfoncer à l'intérieur de la fascine. Quand on emploie une liane, on perce de haut en bas le centre de la fascine avec l'extrémité inférieure de la liane dont on laisse sortir le bout pointu de 0m,15 environ; puis,

Fig. 14.

on enroule la liane autour de la fascine et on l'attache; on peut en tordre les deux bouts pour les réunir (fig. 14). Il est bon de mettre tous les points d'attache sur une même ligne avec le premier.

8. Les *claies* sont fabriquées ordinairement à raison de trois par équipe. Les outils nécessaires sont de petits maillets, des hachettes, des pinces et des ciseaux.

Pour faire une claie, on plante droit dans le sol une rangée de piquets à 0m,25 de distance les uns des autres. On les enfonce d'environ 0m,15 et l'on réunit provisoirement leurs extrémités supérieures (fig. 15). Puis on dirige le clayonnage en engageant les gaulettes alternativement devant et derrière les piquets et en les pressant de temps en temps de haut en bas. La figure 16 montre les débuts du clayonnage. Il faudra s'arranger pour faire aboutir les

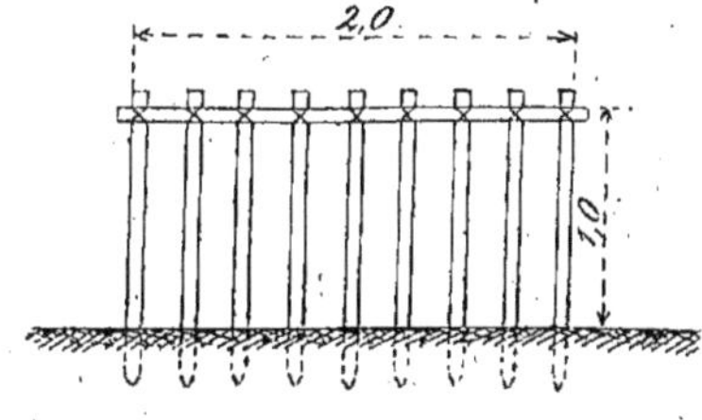

Fig. 15.

Fig. 16.

deux extrémités de chaque gaulette du même côté de la claie et n'en laisser aucune sur les piquets extérieurs. En outre, pour envelopper lesdits piquets, il faudra au tournant briser un peu les gaulettes, ou, si l'on veut donner plus de solidité à la claie, réunir par torsion une partie du clayonnage.

Quand le clayonnage atteint la hauteur voulue, on le fixe aux piquets au moyen de fil de fer, de lianes, etc.

Pour fixer le clayonnage aux piquets, on attache du fil de fer en haut sur la moitié des piquets, en bas sur l'autre moitié, on le fait passer d'une part, sur le bord extérieur du clayonnage, d'autre part, dans un trou que l'on perce à $0^m,15$ de ce bord, et l'on relie de la sorte aux piquets plusieurs rangées de gaulettes.

Quand on manque de fil de fer, on relie ensemble plusieurs rangées de gaulettes, au moyen de lianes que l'on fait passer en haut et en bas entre les piquets (fig. 17).

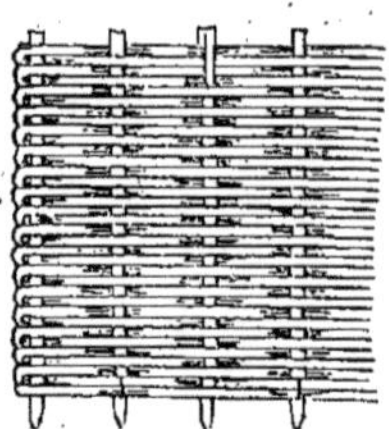

Fig. 17.

9. On fait les *gabions* en se conformant aux indications données pour les fascines, en ce qui concerne l'effectif, les outils et le mode de fabrication.

TABLE DES MATIÈRES

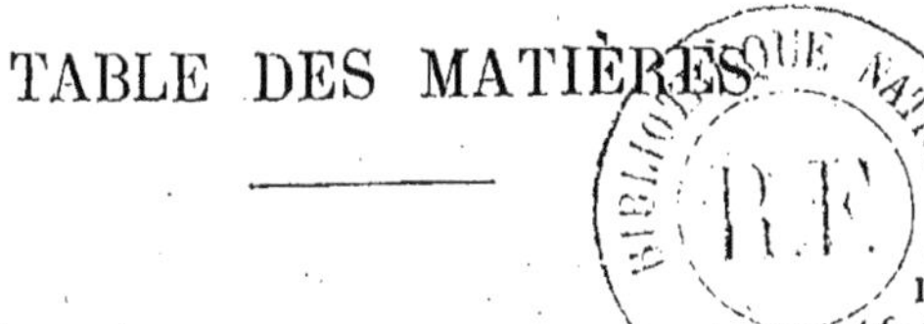

ANNEXES.

Paris et Limoges. — Imp. et libr. milit. Henri Charles-Lavauzelle.

www.ingramcontent.com/pod-product-compliance
Ingram Content Group UK Ltd.
Pitfield, Milton Keynes, MK11 3LW, UK
UKHW020321250726
13967UKWH00004B/1804

9 782013 060042